Marketing Basic Selection Series
マーケティング・ベーシック・セレクション・シリーズ

ブランド・マーケティング

㈱経営教育総合研究所
山口正浩 監修
Yamaguchi Masahiro

木下安司 編著
Kinoshita Yasushi

同文舘出版

マーケティング・ベーシック・セレクション・シリーズ発刊にあたって

　マーケティング・ベーシック・セレクション・シリーズの発刊には、経営教育総合研究所の主任研究員が携わってきた多数の企業や大学、地方公共団体での講義や研修、上場企業や中小企業へのコンサルティングがベースとなっています。

　マーケティング研修で、受講生に「マーケティング」から連想するキーワードを質問すると「企業戦略」、「販売促進」、「広告宣伝」、「営業担当者の強化」、「Web」、「TVCM」など、さまざまな答えが挙がります。消費者行動や企業活動の多様化に伴い、マーケティングも、さまざまな切り口から考えられるようになりました。

　本シリーズでは、多様化しているマーケティングを下記の12テーマのカテゴリーに分類し、最新事例や図表を使用してわかりやすくまとめています。本シリーズで、各カテゴリーのマーケティング知識を理解し、活用していただければ幸いです。

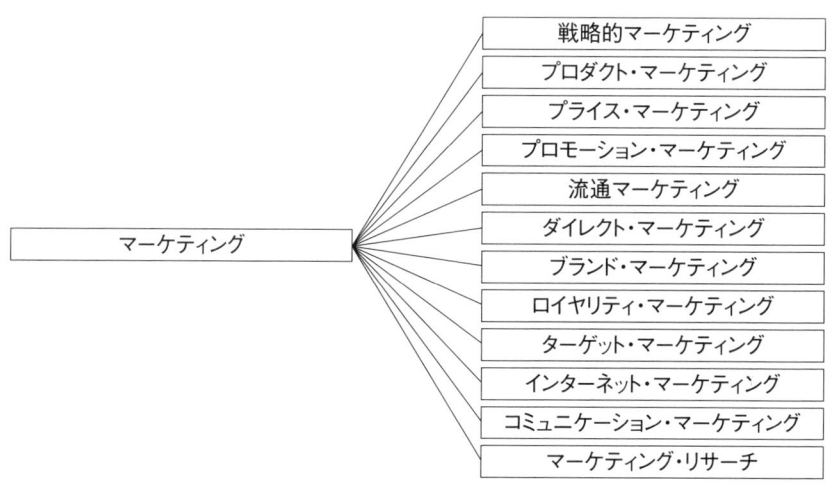

　本シリーズは一般の書籍と異なり、マーケティング・ベーシック・セレクション・シリーズ専用のHPを開設しています。HPでは書籍に書ききれなかった監修者・執筆者のコメントや、マーケティングに関する最新情報を紹介しています。本シリーズで学習したら、下記のHPにアクセスし、さらなる知識を吸収してください。
URL　http://www.keieikyouiku.co.jp/MK

株式会社 経営教育総合研究所
代表取締役社長　山口 正浩

まえがき

みなさんは、"ブランド"という言葉から何を連想しますか。バッグが好きな方は"ルイ・ヴィトン"を、宝石が好きな方は"ティファニー"を、車が好きな方は"ポルシェやBMW、ベンツ"を連想するかもしれません。自分が"ルイ・ヴィトン"のバッグを持った姿、"BMW"のハンドルを握った姿を想像し、思わず微笑んでしまうのではないでしょうか。ブランドには、人間の想像力を豊かにする不思議な力が備わっています。

本書は、ブランドを初めて学ぶ方のための入門書です。ブランドの基本から、実務でブランドを活用できるよう幅広く解説しました。ブランドは、元々マーケティングの4Pの製品戦略の一部として扱われていました。しかし、最近はブランドをマーケティング戦略の上位に位置づけ、ブランド価値の向上のためにマーケティング戦略をどう構築するかを考えるようになってきました。

PART1の"ブランドとは"で、ブランドの基本を解説します。ブランドの歴史をひも解き、ブランドにはどんな機能があるのかを確認します。消費者・企業にとってのブランドの意義にも言及します。

PART2の"ブランドマネジメント戦略"で、企業がブランドを管理する意味について掘り下げます。企業はなぜ新しいブランドを開発するのか、先発ブランドの優位性・後発ブランドの優位性についても研究します。

PART3の"ブランドの基本戦略"で、企業が採用するブランドの基本戦略のフレームワークを解説します。ブランドを横軸に、市場を縦軸に、4つの基本戦略の違いを確認します。

PART4の"ブランドの採用戦略"で、企業が実際に採用しているブランド戦略を詳述します。"アサヒスーパードライ"や"キリン一番搾り"のように、なぜ企業名と製品名の二重ブランドをつけるのかも研究しま

す。

　PART5の"小売業のブランド戦略"で、NBとPBの違いを確認します。最近、急激に増加している大手小売業のPBの秘密を探ります。

　PART6の"ブランドエクイティとは"で、ブランドは"無形資産"といわれている背景を学びます。

　PART7の"ブランドロイヤルティとは"で、消費者に愛され続けるブランドの共通項を研究します。老舗ブランドについても解説します。

　PART8の"地域ブランド戦略"で、最近増加している地域ブランドを、具体例を交えて解説します。

　PART9の"グローバルブランド戦略"で、グローバルに展開している日本企業や欧米企業のブランド戦略を研究します。

　PART10の"ブランドと法律"で、ブランドにかかわる法律（商標法と景表法）を中心に研究します。

　本書を通じて、身近な"ブランド"を見つめなおし、商品やブランドに一層興味を持っていただければ幸いです。

2010年1月
株式会社経営教育総合研究所
主任研究員 中小企業診断士
木下 安司

PART 1
ブランドとは

- section1　ブランドの概念 ……………………………………………… 010
- section2　ブランドの機能 ……………………………………………… 014
- section3　ブランドと消費者 …………………………………………… 018
- section4　ブランド戦略とは …………………………………………… 022
- section5　企業戦略とブランド戦略 …………………………………… 028

PART 2
ブランドマネジメント戦略

- section1　ブランドマネジメントとは ………………………………… 034
- section2　新ブランド開発の意義 ……………………………………… 038
- section3　新製品開発のプロセス ……………………………………… 042
- section4　先発の優位性 ………………………………………………… 048
- section5　後発の優位性 ………………………………………………… 054

PART 3
ブランドの基本戦略

- section1 ブランドの基本戦略の全体像 ……………………………………062
- section2 ブランド強化戦略 ……………………………………………………066
- section3 ブランド変更戦略 ……………………………………………………070
- section4 ブランド・リポジショニング戦略 ………………………………074
- section5 ブランド開発戦略 ……………………………………………………078

PART 4
ブランドの採用戦略

- section1 ファミリー・ブランド戦略 ………………………………………084
- section2 ダブル・ブランド戦略 ………………………………………………088
- section3 ブランド・プラス・グレード戦略 ………………………………092
- section4 個別ブランド戦略 ……………………………………………………096
- section5 分割ファミリー・ブランド戦略 …………………………………100

PART 5
小売業のブランド戦略

- section1 NBとPBの違い ………………………………………………………106
- section2 NBの特徴 ………………………………………………………………110
- section3 製品差別化とブランド戦略 …………………………………………114

section4 PBのメリット・デメリット──118
section5 PBの成功要因──122

PART 6
ブランドエクイティとは

section1 ブランドエクイティとは──128
section2 ブランド価値の構成要素──134
section3 ブランド価値の測定──140
section4 ブランド価値を高める──146
section5 ブランド価値の変遷──150

PART 7
ブランドロイヤルティとは

section1 ブランドロイヤルティとは──156
section2 ブランドロイヤルティの育成──160
section3 ブランド想起とブランドロイヤルティ──166
section4 成熟ブランドの活性化──170
section5 老舗のブランドロイヤルティ──174

PART 8
地域ブランド戦略

section1 地域ブランドとは──182

section2 地域団体商標制度 ……………………………………186
section3 地域ブランド育成ステップ ……………………………190
section4 地域ブランドの例 ………………………………………194
section5 JAPANブランドの育成 …………………………………200

PART 9

グローバルブランド戦略

section1 グローバルブランド戦略とは ……………………………206
section2 欧米企業のグローバルブランド戦略 …………………212
section3 日本企業のグローバルブランド戦略 …………………216

PART 10

ブランドと法律

section1 商標法とブランド …………………………………………222
section2 商標登録制度の概要 ……………………………………228
section3 景表法とブランド(不当な表示の禁止) ………………232

装丁・本文DTP●志岐デザイン事務所

section 1　ブランドの概念
section 2　ブランドの機能
section 3　ブランドと消費者
section 4　ブランド戦略とは
section 5　企業戦略とブランド戦略

PART 1

ブランドとは

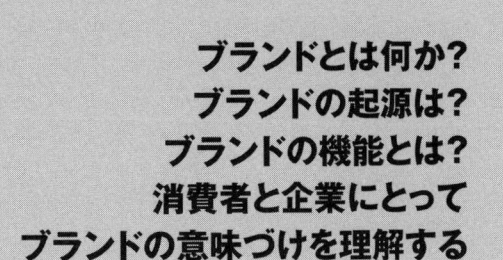

**ブランドとは何か？
ブランドの起源は？
ブランドの機能とは？
消費者と企業にとって
ブランドの意味づけを理解する**

section 1　ブランドとは
ブランドの概念

　みなさんは、"ブランド"の4文字から何を連想しますか。「ブランドは、商品の名前だ」と思う方もいれば、「ブランドは、商標だ」と考える方もいるでしょう。両者とも正解です。しかし、どちらもブランドのすべてを表現しているとはいえません。本sectionでは、ブランドとは何か、ブランドの概念について理解を深めていきます。

(1) ブランドとは
①他の商品・サービスと区別・識別
　世の中には、"ブランド品"があふれています。代表的な欧米ブランド品に、"ルイ・ヴィトン"や"エルメス"、"ナイキ"などがあります。日本の代表的なブランド品には、"SONY"や"TOYOTA"、"NINTENDO"などがあります。企業はなぜ、ブランドに注力するのでしょうか。理由を探ってみましょう。
　ブランドとは、自社の商品・サービスを、他社の商品・サービスと区別し、識別するための総称です。アメリカ・マーケティング協会（AMA: American Marketing Association）は、ブランドを「ある売り手の財やサービスを、他の売り手のそれと異なるものと識別するための名前、用語、デザイン、シンボル、およびその他の特徴」と定義しています。企業はブランド構築のために、多くの時間・労力・コストを費やしています。消費者のブランド・ロイヤルティが高まれば、ブランドが競争上の強みになるからです。
　マーケティングの大家コトラーは、"優れたブランドは、平均以上の

収益を継続的に確保するための唯一の手段である。"と述べています。一方、ブランド・ビルディング・ブロックで有名なケビン・ケラーは、"ブランドという無形資産こそ、多くの企業が有する最も価値ある資産である。"と喝破しています。マーケティング研究の大家の二人が、企業がブランドに注力する重要性を語っています。

食品の産地偽装問題や賞味期限切れ食品の販売がクローズアップされる中、バウムクーヘンで有名な（株）ユーハイムの河本武社長は、"ブランドとは約束のことなのです。破ってはいけない。"と強調しています。老舗企業の"ブランド"へのこだわりが感じられます。

(2) ブランド発展の歴史

ブランド"brand"とは、「焼印をつける」を意味する"brander"というノルウェーの古語から派生したといわれています。中世ヨーロッパでは、放牧した牛や馬に"焼印"を押し、自らの所有物と他人の所有物を識別していたのです。

16世紀に入り、イギリスから出荷されるスコッチ・ウィスキーにブランドをつけるようになりました。ブランディングの始まりです。18世紀にイギリスで産業革命が勃興すると、工業生産と商業が発達し、ニセモノが多く出回るようになりました。自社製品にブランドをつけ、ニセモノと区別する必要性が高まりました。

(3) ブランド要素とは

ブランドと一言でいっても、ブランドを構成する要素にはさまざまなものがあります。ブランド要素（ブランドエレメント）とは、自社の商品・サービスを他社の商品・サービスと区別するさまざまな要素のことです。企業は、ブランド要素を適切に設定し、ブランドアイデンティティを表現します。ブランドアイデンティティとは、顧客がブランド要素に

接したとき、企業として顧客に何を思い起こしてほしいのか、どう思ってほしいのかの意図をいいます。

　ブランド要素を細分化すると、①ブランド・ネーム、②ロゴ、③シンボル、④パッケージ、⑤スローガン、⑥キャラクター、⑦ジングル、の7つに分類できます。

①ブランド・ネーム…文字どおり、ブランドの名前のことです。ブランド・ネームは、簡潔で覚えやすく、意味を有している、などの条件を満たしている必要があります。

②ロゴ…企業名、商標、マークのことです。ダンヒルやコカ・コーラなどの言語的なロゴと、ヤマト運輸の猫マークやアップル・コンピュータのりんごマークなどの非言語的なロゴに分けられます。

③シンボル…ブランドを表すマークのことです。ナイキのスウォッシュやマクドナルドのMマーク(ゴールデンアーチ)などが有名です。

④パッケージ…商品の包装や容器のことです。多くの消費者は、コカ・コーラの黒いボトルを鮮明に覚えています。

⑤スローガン…ブランドの特徴を伝える短いフレーズのことです。ナイキの"Just do it"や、セブン-イレブンの"セブン-イレブン、いい気分"などが有名です。

⑥キャラクター…シンボルやマークの特別なタイプで、実在もしくは架空の人物、動物を表現したものなどがあります。ケンタッキー・フライド・チキンの"カーネル・サンダース"やソフトバンクモバイルの"お父さん犬"、不二家の"ペコちゃん"などが有名です。

⑦ジングル…音楽によるブランド・メッセージです。日立グループのCMで流れる"この木なんの木、気になる木…♪♪"のメロディは、記憶に残っている方が多いのではないでしょうか。

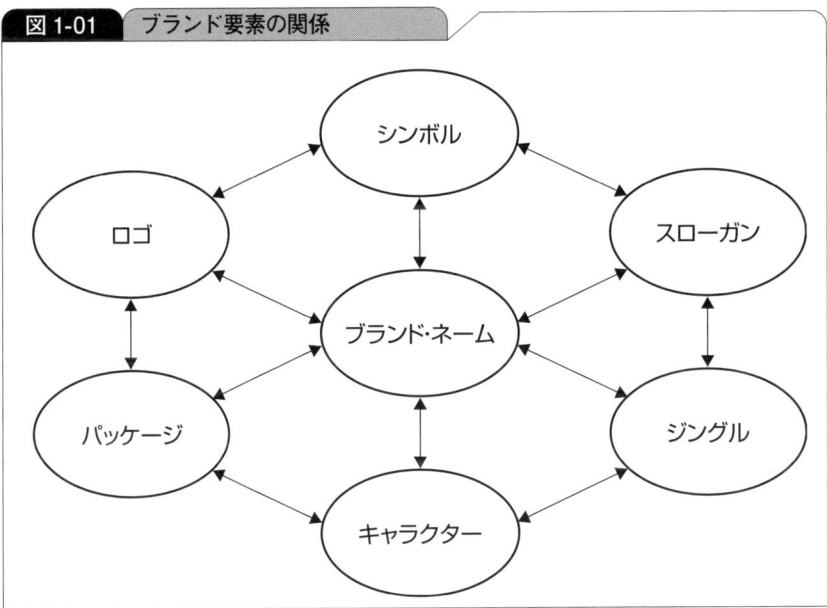

section 2　ブランドとは
ブランドの機能

　ブランドには各種機能があり、メーカーも消費者もブランドの機能を享受しています。本sectionでは、ブランドの機能を掘り下げていきます。

(1) ブランドの機能と価値
　ブランドには、製品の出所を表示し、製品の品質を保証するなど、さまざまな機能があります。以下に説明するさまざまな機能が、ブランドに価値を与えているのです。

①識別機能
　ブランドの識別機能とは、自社のブランドと他社のブランドとの違いを明確にすることです。ダンヒルの"D"マークを見て、シャネルを連想する人はいなでしょう。ブランドは、自社製品と他社製品を識別する機能を担っています。

②出所表示機能
　ブランドの出所表示機能とは、製品・サービスの製造業者や提供業者を明示する機能のことです。出所が明示されていれば、消費者は商品を安心して購入できます。自宅近くのスーパーマーケットで、サントリーの500ml"伊右衛門"とノーブランドの緑茶系飲料が、同一価格で並んでいたら、みなさんはどちらに手を伸ばしますか。サントリーの"伊右衛門"に手を伸ばす方が多いのではないでしょうか。消費者は、出所がはっきりしている商品を購入する確率が高いのです。

　しかし、製造業者・流通業者が明示されていても、製造を外部に委託しているケースがあり、注意が必要です。インターネットの世界では、

売り手の顔が見えない分、製品・サービスの出所が明確であれば、信頼性が高くなります。公共機関や企業のホームページと、個人のブログを比較すれば、一般的に公共機関や企業のホームページの方が、個人のブログよりも信頼性は高いといえます。出所が明確だからです。もちろん、個人のブログにも、著名人のブログなど、信頼性の高いものがあることを否定するものではありません。

③品質保証機能

　ブランドの品質保証機能とは、A社の車なら安全、B社の食品なら安心と思わせる、満たすべき水準の品質を保証する機能です。商品・サービスにブランドを付け、商品・サービスの品質や属性を一定水準で保持していることを消費者に意思表示しているのです。最近、"価格.com"のような、ネット上の価格比較サイトが人気を呼んでいます。価格比較サイトが成り立つのは、サイトに掲載されている商品・サービスのすべてに、メーカー・提供者の保証が付いているからです。

④情報伝達機能

　ブランドの情報伝達機能とは、ブランドが商品・サービスに関する情報を伝達する機能をいいます。効果的なパッケージ・デザインや優れたブランド・ネームは、それ自体が強力な情報伝達機能を持っています。ウェブサイトを通じて消費者が受け取る情報も、ブランドの情報伝達機能を強化しています。

　企業が情報伝達機能に注力する理由の一つに、ブランドによるアナウンス効果への期待があります。ブランドが、商品のアナウンサー役を果たしているのです。アナウンス効果の代表的なものに、消費者の購買行動に見られる"バンドワゴン効果(現象)"があります。バンドワゴンとは、隊列の先頭を行く音楽隊のことをいいます。街を音楽隊が通ると、周りの人たちは物珍しさから、通りに出て行列に加わろうとします。バンドワゴン効果は、よく言えば"時流に乗る""多勢に与する"、悪く言えば

"物まね、人まね"です。

　バンドワゴン効果に対し、他人と同じものは持ちたくないという現象を、スノッブ効果といいます。バンドワゴン効果とスノッブ効果は、消費者の購買行動では、正反対の動きを説明しています。消費者が高額ブランド品を購入する習性を、ヴェブレン効果（誇示的消費）といいます。

⑤差別化機能

　ブランドの差別化機能とは、ブランドの7つの要素によって商品を識別させる役割をいいます。果物の"オレンジ"は、一見しただけでは品質はわかりません。しかし、"サンキスト"や"ドール"のロゴやシンボルがついていると、品質が一定以上の商品と考え、消費者は安心して購入します。

⑥想起機能

　ブランドの想起機能とは、消費者が過去の経験や蓄積された情報や

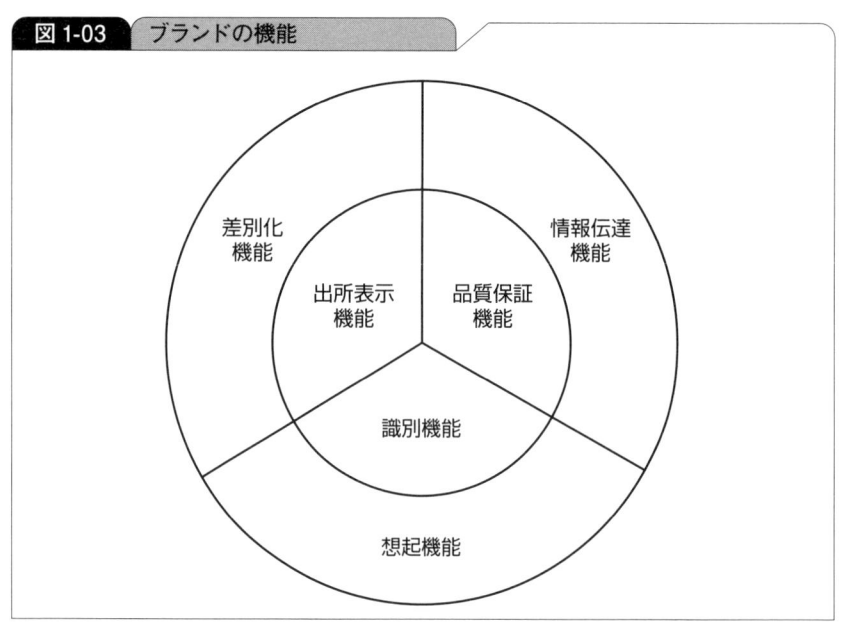

図1-03　ブランドの機能

感情の記憶から、商品を選択する機能のことです。食品や飲料で多く見られます。想起機能には、再生効果と連想効果、の2つがあります。

・再生効果

　再生効果とは、ある製品カテゴリーが与えられたとき、特定のブランドを思い出すことをいいます。緑茶系飲料なら"おーいお茶"を思い出し、朝食なら"カロリーメイト"を思い出すなどです。再生率が高いブランドは、ブランドの認知度が高い分、企業のプロモーション・コストの引き下げに寄与します。

・連想効果

　ブランドの連想効果は、再生効果の逆で、個別のブランドから、そのブランドが属しているカテゴリーを思い出すことをいいます。スーパードライといったらビールを、カップヌードルといったら縦型カップメンを連想するなどが、連想効果の一例です。

図1-04　バンドワゴン効果とスノッブ効果

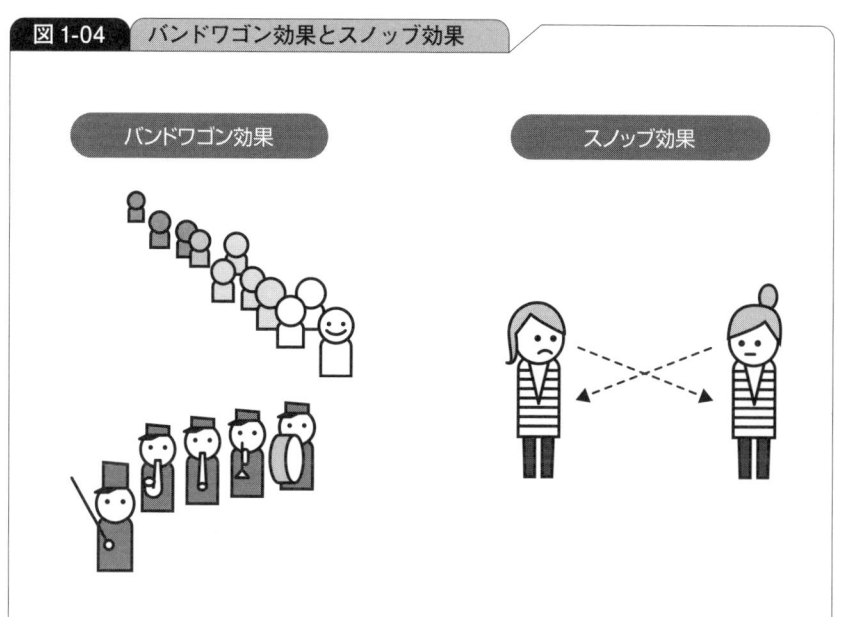

section 3　ブランドとは

ブランドと消費者

　日本人は、欧米人に比べてブランド信仰が強いと言われています。ブランドは消費者にどんなメリットをもたらすのでしょうか。本sectionは、ブランドと消費者の関係を掘り下げていきます。

(1) 消費者にとってのブランド

　消費者にとって、ブランドがどの程度重要かについて、次のようなレポートがあります。図1-05は、薄型テレビの購入を検討している消費者が、商品を選ぶ理由を、2つのメーカーの製品間で比較したものです。東芝の"レグザC8000"では、"ブランド力"がトップで、シャープの"アクオスAE6"では、"ブランド力"が2位に上がっています。消費者は、薄型テレビの購入にあたって、"画質"と並び、"ブランド力"を重視していることがわかります。

図1-05　この会社のテレビを選ぶ理由

	シャープ	東芝
1	画質	ブランド力
2	ブランド力	画質
3	デザイン	値ごろ感
4	省エネ性能	デザイン
5	画面の薄さ	音の良さ

出典:日本経済新聞 2009年7月23日 朝刊

(2) 顧客価値の創造

コトラーは、製品の構造を①中核部分、②実態部分、③付随部分、の3層に分類しています。ブランドは、製品の①中核部分を包み込む形で、②の実態部分に当たります。ブランドは、製品の中核部分をカバーする機能を持っているのです。

一方、コトラーは、顧客価値創造の重要性を力説しています。顧客は、複数の製品を比較して、顧客受取価値が最大と感じられる製品を購入します。顧客価値とは、顧客が特定の製品やサービスに期待する便益（ベネフィット）を総合したものです。コトラーは、顧客価値の創造について、次の公式を示しています。

顧客受取価値 ＝ 総顧客価値 － 総顧客コスト

上記公式より、企業は①総顧客価値の最大化、②総顧客コストの最小化、の同時追求が重要なことがわかります。総顧客コストとは、顧客が製品やサービスを評価し、獲得し、使用し、処分する際に発生するコストの合計です。

総顧客価値…①製品価値、②サービス価値、③従業員価値、④イメージ価値

総顧客コスト…①金銭的コスト、②時間的コスト、③エネルギー・コスト、④心理的コスト

(3) ブランドの効用

ブランドは、事業を発展させ、強化し、守り、管理する方法についてのビジョンです。ブランドは、消費財でも重要ですが、人的販売主体の産業財でより重要です。ブランドが信用の証につながるからです。

ブランドの効用を、提供者である企業（主に製造業をイメージ）と受け手である消費者に分けて考えてみましょう。

①提供企業の効用

　ブランドが提供企業にもたらす効用は、次の7点に集約できます。

a.マーケティングコストの低減

　消費者のブランド認知やブランド・ロイヤルティが高まれば、企業はマーケティングコスト（販売促進費やチャネル対策費など）を軽減できます。

b.流通業者との交渉有利に

　ブランド認知やブランド・ロイヤルティが高まれば、流通業者との交渉を有利に進められます。大分県漁業協同組合佐賀関支店が商標登録している"関さば、関あじ"は、ブランド化に成功しているため、流通業者との取引を有利に進めています。

c.非価格競争を展開

　ブランド力は持続的競争優位の源泉になるため、値引きなどの価格競争を回避できます。ブランド力のある企業は、高価格戦略、威光価格戦略を展開できるのです。エルメスやルイ・ヴィトンなどのブランド品は、威光価格戦略を採用しています。

d.ブランド拡張に有利

　一度築いたブランド力は、横展開できます。前述の大分県漁業協同組合佐賀関支店は、"関あじ、関さば"から、さざえやイサキなど他の魚類にブランド拡張して成功しています。

e.高収益率の確保

　ブランド力が高まれば、値引きを行う必要がないため、高利益率を確保できます。

f.高シェアの確保

　ブランド力が高まれば、販売を有利に展開できるため、高い市場占有率を確保できます。

g.安定的な販売

ブランド力が高い商品は、安定的な販売につながります。

②消費者の効用

アメリカのブランディング/デザイン会社の老舗"ランドーアソシエイツ"の創業者ウォルター・ランドーは、"商品は工場でできるが、ブランドは顧客の頭の中にできる"といっています。製品のブランド力が高まることは、消費者にも次のような効用をもたらします。

a.満足感の向上

ブランドは、顧客の情緒的な連想を広げ、消費者が商品を消費した際の満足感を向上させます。

b.銘柄選択を容易にする

ブランド力は、消費者の銘柄選択を容易にします。パソコンを購入するとき、有名ブランド品と無名ブランド品では、有名ブランド品の方が消費者の銘柄選択は容易になることは明らかです。

図1-06　ブランドと消費者

ウォルター・ランドー
「商品は工場でできるが、ブランドは顧客の頭の中にできる」

section 4　ブランドとは
ブランド戦略とは

　みなさんは、買物の際、"いつも、同じ会社の製品を買ってしまう"ことはありませんか。ブランドは、自社の固定客（すなわちファン）を作ることからスタートします。顧客の満足度を獲得し続けることが、ブランド戦略の究極の目的です。

(1) ブランド戦略とは
　ブランド戦略とは、ブランドを中心に展開する企業のマーケティング戦略の総称です。ブランド戦略の目的は、企業や製品・サービスに対する顧客のブランドイメージを高め、顧客のロイヤルティを醸成することです。ブランド戦略は、マーケティング戦略の中核を占めており、ブランド戦略の下位戦略には、ブランドポジショニング戦略、ブランド拡張戦略、マルチブランド戦略、などがあります。
①ブランドポジショニング戦略とは
　ブランドポジショニング戦略とは、企業のマーケティング戦略におけるブランドの位置（ポジション）を決めることです。企業にとって、ブランドポジショニング戦略とは、○○を買うならこのブランドという位置づけを獲得することをいいます。
②ブランド拡張戦略とは
　ブランド拡張（brand extension）戦略とは、すでに成功しているブランド・ネーム（親ブランドともいいます）を使って、新製品や改良製品を新しい製品カテゴリーに転用することです。D.A.アーカーは、「消費財のトップ企業に対するある調査は、導入された新製品の89％がラ

イン拡張（新しいフレーバーやパッケージ・サイズなど）、6%がブランド拡張、新しいブランドの投入は5%しかなかった」と述べています。ブランド拡張の例として、ライオンの"植物物語"の製品ラインの拡大、JR東日本のSuicaのモバイルSuicaへの拡張、などがあります。既存のブランド・ネームを利用するブランド拡張戦略には、次のようなメリットがあります。
・親ブランドの知名度、評判を利用できる（アンブレラ効果）
・新ブランド育成に比べ、低コストで認知度を向上できる
・既存のチャネルを利用して市場浸透を速くできる
　一方、ブランド拡張戦略には、次のようなデメリットがあります。
・ブランドイメージをあいまいにする
・ブランド全体のイメージを低下させる可能性がある
・自社製品同士で共食い（カニバリゼーション）になる可能性がある

③マルチブランド戦略とは

　マルチブランド戦略とは、同一カテゴリーに複数のブランドを展開する戦略のことです。メーカーは、小売店の棚スペースを多く確保するため、マルチブランド戦略を採用します。アメリカの日用雑貨品の大手メーカーP&Gは、シャンプー・リンスのカテゴリーに"パンテーン""ヴィダルサスーン""h&s"など10種類以上のブランドを投入しています。メーカーは、マルチブランド戦略を採用することで、次のようなメリットを享受できます。
・小売店のインストアシェアの増大
・市場シェアの獲得
・ブランド間のリスク分散による安全性の確保
　一方、マルチブランド戦略は、多くのブランドに経営資源を分散させることになるため、次のようなデメリットが発生します。
・効率性の低下

・共食い（カニバリゼーション）の危険性

（2）ブランドマネジャーの役割とブランドマネジャー制
①ブランドマネジャーの役割

　ブランドマネジャーは、ブランドごとにブランドの育成と管理に全責任を負っている担当者です。ブランドマネジャーを、企業の一担当者と捉えることは誤解を招きます。ブランドマネジャーは、特定のブランドに全責任を負う役割をいいますが、企業でブランドマネジャーを導入する目的は、縦割り組織の機能を最大限に発揮し、ブランドを育成することにあります。したがって、ブランドマネジャーの条件には、次の2点があげられます。

・誰よりもそのブランドについて知っている
・マネジメントの「基本方針」が必要である

②ブランドマネジャー制とは

　ブランドマネジャー制とは、ブランドマネジャーが推進役になって、研究開発、市場調査、広告、販売など、ブランド開発に携わるあらゆる関連部門が共同していく組織形態のことです。ブランドマネジャー制は、1931年にアメリカのP&Gが最初に導入して有名になりました。アメリカでは、19世紀の後半から20世紀初頭にかけて、地域ブランドが全国ブランドに発展しました。1920年代に入ると、自社内に多数の製品カテゴリーやブランドを抱える企業が増えてきました。従来の機能別組織のままで、各ブランドを管理・統括することが難しくなり、ブランドマネジャー制に移行したのです。

　ブランドマネジャー制は、機能別組織の欠点を補う形で導入されました。すなわち、機能別組織では職能ごとに意思決定が分断されたり、遅れたり、責任転嫁などが発生します。ブランドマネジャー制は、縦割り組織の弊害を除去し、ブランド育成を推進します。

（3）ブランド戦略の成功例

　ライオンの"植物物語"は、ブランド戦略の成功事例のひとつです。1992年、ライオンは、植物成分のみを使用した化粧石鹸を発売しました。"植物物語"のスタートです。'93年にはボディソープ、'94年にはハンドソープ・ボディソープ発売と、製品ラインを広げていきました。現在"植物物語"として発売されている製品カテゴリーは、①化粧石鹸、②シャンプー、③コンディショナー、④ボディソープ、⑤洗顔料、の5分野です。

（4）ブランドポートフォリオ戦略

　ブランドポートフォリオ戦略とは、新しいブランドを採用するかどうか、赤字ブランドを廃止・売却するかどうか、などを検討することです。さまざまなブランドやブランド要素を、どのように活用するのかを定めることをいいます。ブランドポートフォリオ戦略における検討課題は、次の3点です。

①ポートフォリオにブランドを追加すべきかどうか
②複数ブランドの優先順位をどうするか
③ブランドが多過ぎないか、ブランドを削除すべきか

　ブランドポートフォリオ戦略に関連して用いられる言葉に、次のようなものがあります。

①マスターブランド…製品・サービスに付された核となるブランド
②サブブランド…マスターブランドの下位に位置づけられる二次的なブランド
③エンドーサー・ブランド…エンドーサー・ブランドとは、消費者が商品を購入する際に、品質を保証する役割を果たすブランド

図 1-07　ブランドポートフォリオ戦略

GAPのブランドポートフォリオ

拡張ブランド
GAP キッズ

紳士・婦人向け
オールド・ネイビー

主力業態
GAP

バナナ・リパブリック
旅・サファリをテーマ

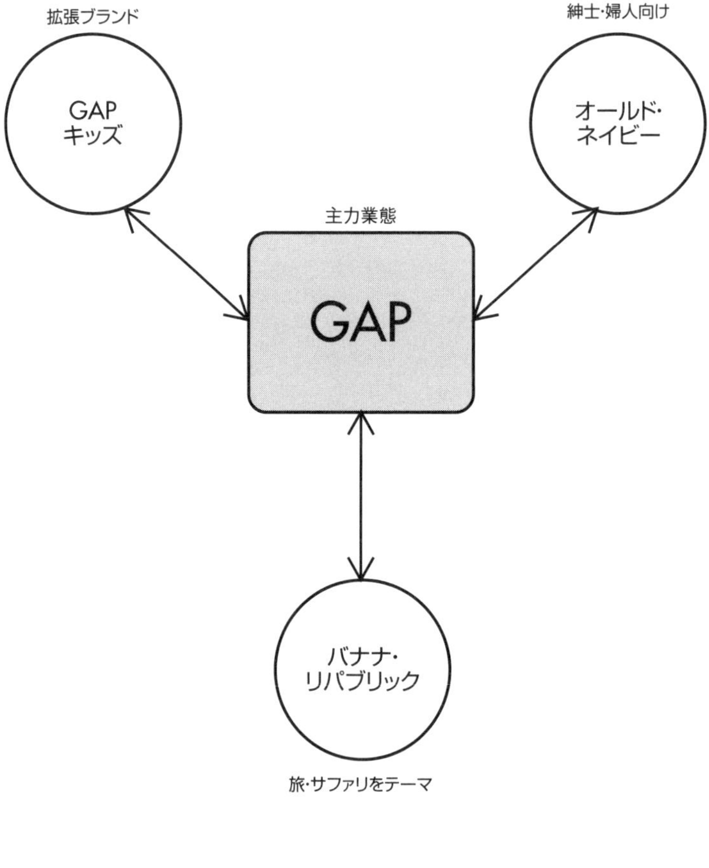

出典：『コトラー&ケラーのマーケティング・マネジメント』より作成　ピアソン・エデュケーション

図 1-08　ブランドマネジャー制

ブランドマネジャーの役割（ブランドの社長）

- 売上管理
- 利益管理
- マーケティング全般
- ブランドイメージ構築
- 新製品の企画・開発

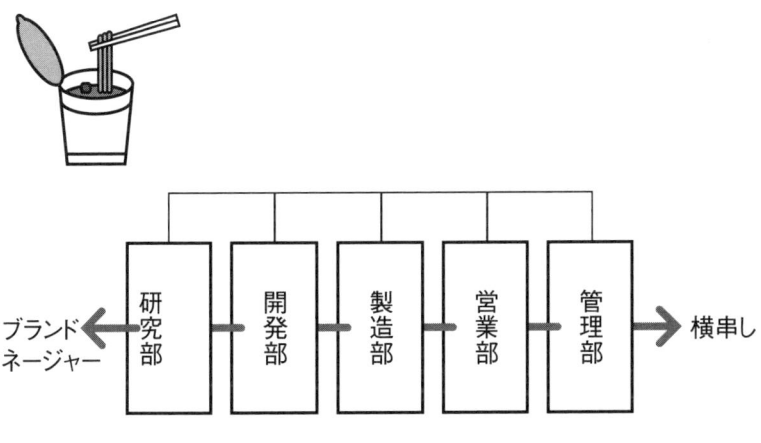

ブランドマネジャー ← 研究部 → 開発部 → 製造部 → 営業部 → 管理部 → 横串し

section 5 　ブランドとは
企業戦略とブランド戦略

　従来、ブランドは製品戦略の一部と考えられてきました。しかし、現在は製品戦略の枠を飛び出し、ブランド戦略がマーケティング戦略の中心課題になってきました。本sectionは、ブランド戦略の変遷を研究します。

(1) 企業戦略におけるブランド戦略の位置づけの変遷

　企業を取り巻く経営環境の変化とともに、企業のマーケティング戦略におけるブランド戦略の位置づけが変わってきました。恩蔵直人氏は、ブランド戦略の位置づけの変遷を、次の4つに分類しています。

①ブランドはマーケティング・ミックスの下位要素

　従来、マーケティング・ミックスのうち、ブランド戦略は製品戦略の一部として考えられていました。製品戦略の一部ですから、ブランド戦略にあまり重きが置かれていなかったのです。公式で示すと、次のようになります。

$$製品戦略 > ブランド戦略$$

②ブランドと4Pが肩を並べる

　ブランド戦略が、4Pすなわち製品戦略、価格戦略、販売促進戦略、チャネル戦略と同等の位置づけになりました。すなわち、ブランド戦略はマーケティング・ミックスの下位要素ではなく、企業のマーケティング戦略の重要な位置を占めるようになりました。公式で示すと、次のようになります。

$$マーケティング戦略 = 4P + ブランド戦略$$

③4Pよりブランド戦略が上位に

　ブランド戦略が4Pより上位に位置づけられました。言葉を換えれば、ブランド戦略を創り上げるために、4Pがあるという関係です。

ブランド戦略＞4P

　ブランドカンパニーの登場です。

④ブランド戦略をマーケティングの中心に据える

　ブランド戦略を、自社のマーケティング戦略の中心に据えるという考え方です。ブランド戦略を中心に、自社のマーケティング戦略を展開します。

(2) ブランド価値の変遷

　ブランド価値とは、ブランドが顧客に与える便益のことをいいます。D.A.アーカーは、顧客が受ける便益を「機能的便益」「情緒的便益」「自己表現的便益」の3つに分類しています。和田充夫氏は、製品価値を「基本価値」「便宜価値」「感覚価値」「観念価値」に分類し、「基本価値」「便宜価値」を基本としながら、「感覚価値」「観念価値」がブランドとしての価値であると指摘しています。

(3) 製品のコモディティ化とブランド

　コモディティ化とは、どの製品を取り上げても、基本的な品質に大きな差が存在しない状態をいいます。製品差別化の究極の姿が、コモディティ化です。

　コモディティ化を、ビールを例に説明します。アサヒのスーパードライとキリンのラガービールを、事前にラベルを確認してから飲めば、2つの製品の違いを認識することはできるでしょう。しかし、ラベルを外し、目隠し状態で飲んだら、何人の方が違いを認識することができるでしょうか。製品が2つであれば、当たる確率は50％になりますが、製品

を5つに増やすと、5つともすべて当たる確率は限りなく小さくなります。コモディティ化が進めば進むほど、ブランドの重要性が高まってくるのです。

(4) 高まるブランドの重要性
　ブランドの重要性が高まってきた背景として、恩蔵直人氏は次の2点を挙げています。
①コモディティ化の進展
　前述したように、コモディティ化の進展により、ブランドの重要性が高まってきました。ブランド力のある製品は、価格競争を回避できるのです。
②MBA型マネジメントの限界
　MBAを取得したブランドマネジャーは、自分の在任期間中に、ブランド価値を向上させようとします。短期志向の利益獲得を目論むのです。しかし、ブランドは長年の投資と地道な努力の後に大きな利益を生み出します。

図 1-09　マーケティング戦略におけるブランド戦略の位置づけの変遷

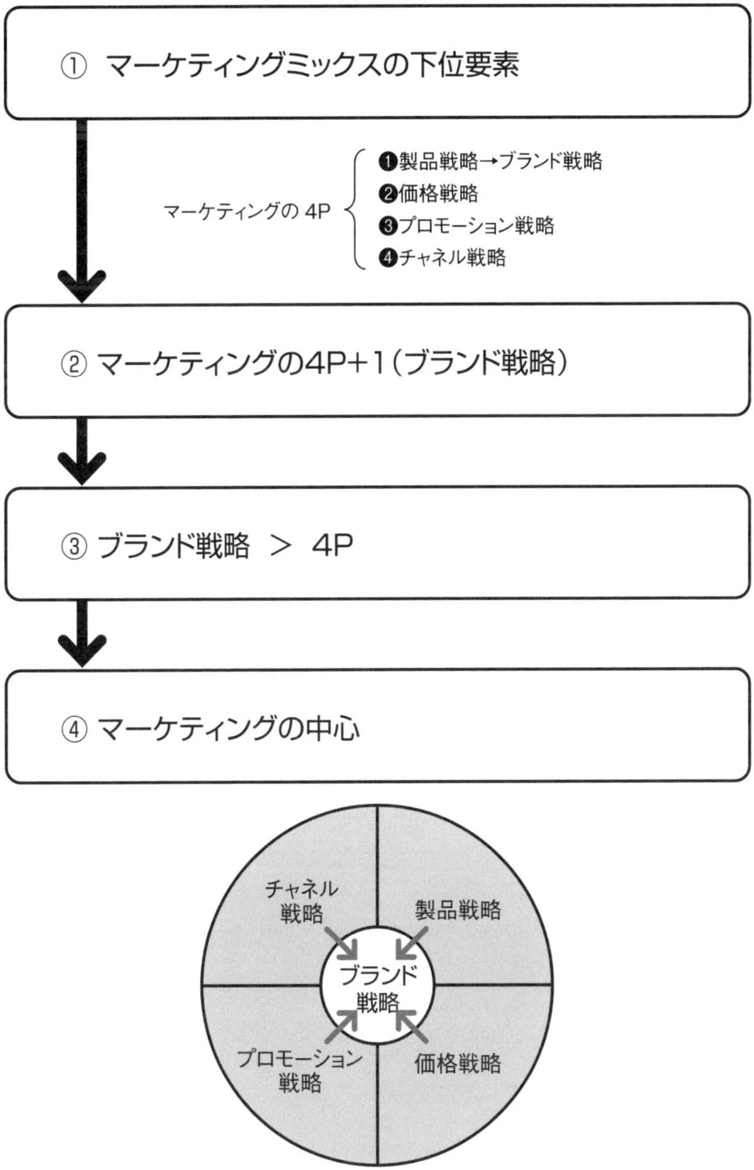

① マーケティングミックスの下位要素

↓

マーケティングの4P ┫
❶製品戦略→ブランド戦略
❷価格戦略
❸プロモーション戦略
❹チャネル戦略

② マーケティングの4P＋1（ブランド戦略）

↓

③ ブランド戦略　＞　4P

↓

④ マーケティングの中心

（図：チャネル戦略／製品戦略／プロモーション戦略／価格戦略が中心のブランド戦略を囲む）

PART 1　ブランドとは

section 1 　ブランドマネジメントとは
section 2 　新ブランド開発の意義
section 3 　新製品開発のプロセス
section 4 　先発の優位性
section 5 　後発の優位性

PART 2

ブランドマネジメント戦略

ブランドマネジメントとは?
なぜ新ブランド開発が必要か?
先発ブランドの優位性とは?
後発ブランドの優位性とは?

section 1　ブランドマネジメント戦略

ブランドマネジメントとは

　ブランドマネジメントとは、長期的にブランドを資産として育て、企業価値の増大を図るマーケティング戦略の総称です。顧客との長期的な信頼関係を構築するために、ますますブランドマネジメントが重要になってきています。

(1) 4Pとブランド戦略の関係
　かつてブランド戦略は、"マーケティングの4P"の製品戦略の一部として位置づけられていました。しかし、現在ブランド戦略は、4Pの一領域ではなく、4Pの上位概念に当たると考えられています。ブランド戦略と4Pの関係については、PART1 section5で詳述しています。

(2) 4Pから4Cへ
　マッカーシーが提唱した"マーケティングの4P"は、企業サイドからマーケティングをどう展開するかを考えた切り口でした。現在は、顧客をマーケティングの中心に据え、顧客価値の最大化を目指すことがマーケティングの究極の目的といっても過言ではありません。R.ラウターボーンは、顧客視点に立ち、"4P"に代わる"4C"を提唱しています。
　4Cを、4Pと比較しながら確認しましょう。
①顧客価値（Customer Value）←製品戦略（Product）
②コスト（Customer Cost）←価格戦略（Price）
③コミュニケーション（Communication）←プロモーション戦略（Promotion）

④コンビニエンス（Convenience）←チャネル戦略（Place）

(3) 競争優位の源泉とは

　競争優位の源泉とは、競争優位を作り出す源、すなわち「強み」となるものをいいます。企業が競争を優位に進めるためには、他社に優る競争優位を持たなければなりません。競争優位に対して、「弱み」にあたる部分を"競争劣位"といいます。

　マーケティングにおける競争優位の源泉は、時代とともに変化してきました。恩蔵直人氏は、競争優位の源泉の変遷を、次の5つに分類しています。

①コストの時代
　1950年代から1960年代は、相対的に物が不足していた時代です。この時代の競争優位は、コストでした。コストをいかに安く作るか、すなわち規模の経済性や経験効果が注目されていました。

②品質の時代
　1970年代に入ると、品質の時代に移ってきます。消費者の品質に対する意識が高まり、コンシューマリズム（消費者主権の考え方）が流行し始めました。製品の基本品質、すなわち化粧品なら肌に優しい、自動車なら故障がなく排気ガス規制をクリアしているなど、消費者の目が品質に集まりました。

③多品種・多様化の時代
　1980年代に入ると、競争の争点が差別化や細分化へと移行しました。多品種・多様化の時代の到来です。各メーカーの製品数が激増し、ブランド数が急増しました。

④時間短縮の時代
　1990年代は、短サイクル化の時代です。すなわちファストサイクル化が時代の主流になりました。新しいブランドを出し、売れないとわか

ると即座に撤退し、次々と新ブランドに代えていく戦略です。
⑤ブランド育成の時代
　ファストサイクル化のゆり戻しで、各社がブランドをじっくり育成しようという戦略に変わってきました。

(4) ブランド優位の時代
　競争優位の源泉が、製品そのものからブランドへと移行してきました。ブランド優位の時代の始まりです。ブランドエクイティ論が契機となったことは、前述したとおりです。

(5) ブランドマネジメントの重要性
　ブランドは、企業が一方的に作り込むものではありません。ブランドは、企業と顧客が手を携えながら一緒に作っていくものです。強いブランドは、長期的に企業の利益向上に寄与し、企業価値の増大に貢献します。D.A.アーカーは、強いブランドの意義を次のように指摘しています。
①新規顧客を引きつけ、古い顧客を再び呼び戻すことができる
②ブランド・ロイヤルティを高めることができる
③プレミアム価格を決定できる
④ブランドの拡張を通じて、成長が期待できる
⑤流通チャネルのテコとなりうる
⑥競争業者の参入障壁となる
　強いブランドは、次の5つのステップを経て、構築していきます。
①事業・製品をどうしたいのか、ブランドのビジョンを決定する
②ブランドを通じて何を約束するのか
③ブランドに対して顧客が期待することを理解し、応え続ける
④企業と顧客との間に、長期的かつ精神的な関係を築くことができる
⑤強いブランドを構築する

図 2-01　強いブランドの構築手順

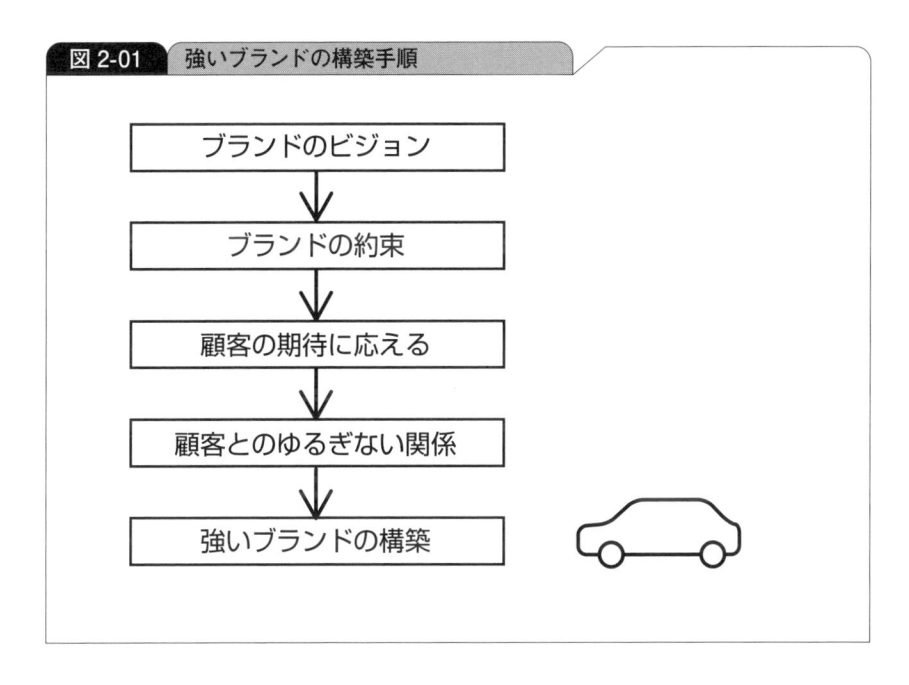

ブランドのビジョン
↓
ブランドの約束
↓
顧客の期待に応える
↓
顧客とのゆるぎない関係
↓
強いブランドの構築

図 2-02　ブランドの扇

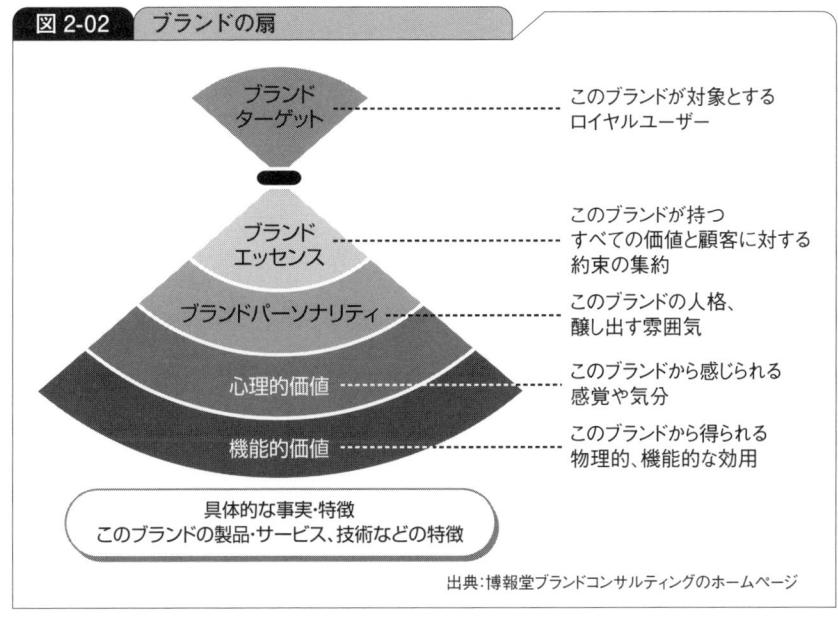

- ブランドターゲット …… このブランドが対象とするロイヤルユーザー
- ブランドエッセンス …… このブランドが持つすべての価値と顧客に対する約束の集約
- ブランドパーソナリティ …… このブランドの人格、醸し出す雰囲気
- 心理的価値 …… このブランドから感じられる感覚や気分
- 機能的価値 …… このブランドから得られる物理的、機能的な効用

具体的な事実・特徴
このブランドの製品・サービス、技術などの特徴

出典：博報堂ブランドコンサルティングのホームページ

section 2　ブランドマネジメント戦略

新ブランド開発の意義

　市場には製品が溢れ、新製品開発が難しい時代になってきました。しかし、企業は新製品を継続的に開発しないと、売上高・利益がジリ貧に陥ってしまいます。本sectionでは、新製品開発の重要性を、新ブランド開発との関係で見ていきましょう。

(1) 新製品開発と新ブランド開発

　企業が成長するためには、新製品開発は不可欠です。企業を取り巻く外部環境が時々刻々変化していく中、プロダクトライフサイクル理論で示されたように、既存製品の成熟化はどんどん進んでいきます。一方、製品の購買者である消費者ニーズは常に変化しています。消費者ニーズに的確に対応するためには、新製品開発が不可欠なのです。

①新製品とは何か

　新製品開発のステップを考える前に、"新製品とは何か" を定義しておきましょう。これまで市場に存在せず、まったく独創的・革新的な製品は、もちろん新製品です。しかし、独創的・革新的な製品が次々に生まれることはありません。既存製品の一部改良や改善など、部分的に新規性があれば新製品と呼びます。ブーズ・アレン＆ハミルトン社は、新製品を図2-03のように分類しています。

　缶チュウハイのボトルをアルミ缶からダイヤカット缶に変更すれば、中身が変わらなくても新製品になります。中身を変えず、緑茶系飲料のボトルを "捻れタイプ" に変えるだけでも、新製品です。ブランドの変更も、新製品開発の一種と考えられます。したがって、本sectionでは、

新製品開発＝新ブランド開発 と考えて、論じていきます。

(2) 新製品開発上の留意点
新製品開発に当たっては、次の点に留意します。
①新製品開発の意義を再確認し、新製品の定義を明確にします。
②特定部署だけでなく、全社的に取り組みます。
③市場や消費者ニーズを十分収集し、製品の市場性、将来性、利益率等を見極めて導入します。
④自社の得意分野に絞り、自社の強みを活かした製品を開発します。
⑤環境保全、省エネルギー、製造物責任法（PL法）対応、知的財産権に配慮して開発します。
⑥関連技術・特許等の最新技術情報の収集は、電子ネットワークや公的機関を活用します。

(3) 新ブランド開発の意義
　企業にとって新ブランド開発は、企業を存続させるための生命線を握っています。企業が新製品を必要としている理由を、田中洋氏は3つあげています。
①既存製品だけで、売上や利益を伸ばすことは困難である
②消費者が既存製品に飽きる
③競合他社に対し自社製品のシェアを確保できる
　クイックルワイパーやヘルシア緑茶などのヒット商品を次々と生み出している花王は、新製品開発の目的を5つあげています。厳しい審査を経て開発されるからこそ、新製品の成功確率が高くなるのです。
①社会的有用性の原則…開発する製品が真に社会にとって有用である
②創造性の原則…自社の創造的技術が盛り込まれている
③パフォーマンス・バイ・コストの原則…性能や品質に対する価格で競

合品に勝っている
④調査徹底の原則…流通のあらゆる段階で商品に関わる情報を従業員に伝達する
⑤流通合理性の原則…商品化前に徹底的な消費者テストを実施している

(4) 新ブランド開発のメリット・デメリット
　新ブランド開発には、メリットとデメリットの両面があります。
①新ブランド開発のメリット
a.成功すれば、他のブランドにも好影響を与える
b.担当者を始め、社内が活気づく
c.消費者の注目が集まる
d.プロダクトポートフォリオが組みやすくなる
②新ブランド開発のデメリット
a.失敗すると、他のブランドに悪影響を与える
b.開発コスト、製造コストを回収できない

(5) 新製品開発成功の条件
　新製品開発の成功条件として、マーケティング調査会社のニールセンは次の4つを提示しています。
①共感度（Empathy）…消費者に個人的に結びつきを感じさせるような共感を喚起する
②説得性（Persuasion）…消費者が何らかの行動を起こす、あるいはそのコンセプトに対し詳細な情報を求めたくなるような説得性を持つ
③印象度（Impact）…一定のインパクトがあり、他とは何か違う特徴を有する
④伝達力（Communication）…消費者の新コンセプトへの明確な理解を促す伝達力を持つ

図 2-03　新製品とは BA&H

ブーズ・アレン＆ハミルトン社による"新製品"の分類

		市場にとっての新しさ		
		低い	中	高
企業にとっての新しさ	高	新しい製品ライン20%		世の中にとっての新製品10%
	中	既存製品の改良・修正 26%	既存ラインへの追加 26%	
	低	コスト削減 11%	リポジショニング 7%	

出典：BA & H

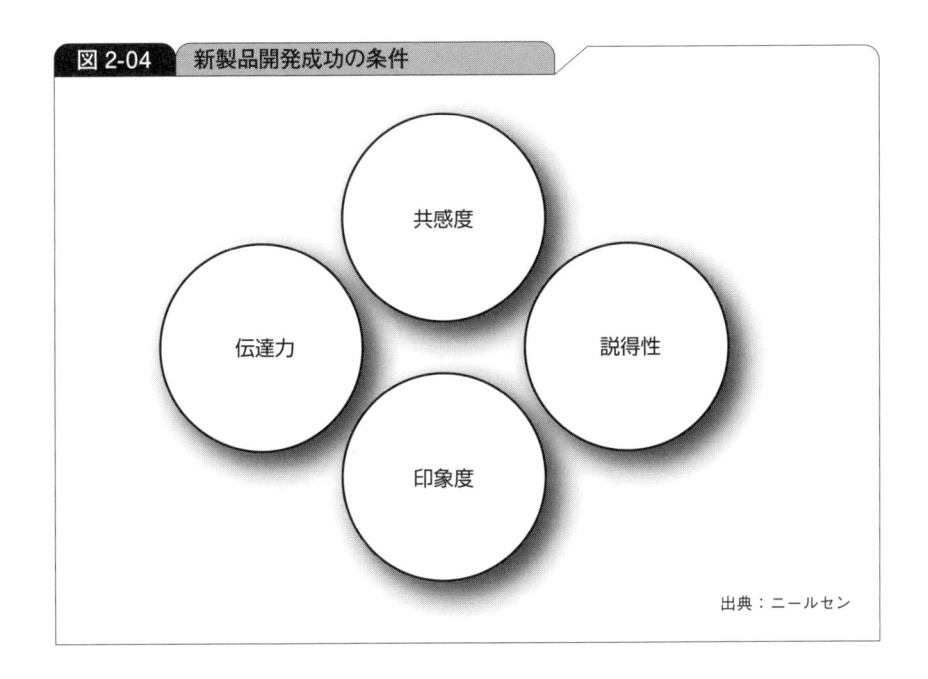

図 2-04　新製品開発成功の条件

- 共感度
- 伝達力
- 説得性
- 印象度

出典：ニールセン

PART 2　ブランドマネジメント戦略

section 3　ブランドマネジメント戦略

新製品開発のプロセス

（1）新製品開発のステップ

　新製品開発に当たっては、最少のリスクで最大の効果を生み出さなくてはいけません。そのためには、新製品開発のプロセスを体系化し、ステップを計画的に進め、成功の確率を高めることが重要です。

　新製品開発は企業にとって重要であるにもかかわらず、新製品の成功率が高くないのも現実です。ある調査によると、新製品の成功率は消費財で58％、産業財で62％といわれています。食品業界では、"千三つ（せんみつ）"という言葉がささやかれています。新製品を1,000作って、翌年まで小売店の棚に並んでいる製品の数は、たった3つしかないことを揶揄した言葉です。失敗の確率が高い分、新製品開発は慎重に慎重を期さねばならないのです。

　一般的に、新製品開発のプロセスは、次の6つに分けられます。

①アイディアの創造…社内（トップ、研究開発・販売・製造部門）・社外（消費者、取引先、競争企業、発明家）を問わず、アイディアを収集します。アイディアの創出技法には、ブレーンストーミング法、チェックリスト法、KJ法などがあります。

②アイディアのスクリーニング…①で収集したアイディアを取捨選択することです。潜在性の高いアイディアを誤って除去してしまうドロップエラーや、潜在性の低いアイディアを採用してしまうゴーエラーに留意します。

③事業性の分析…スクリーニングを通過したアイディアの事業性を分析します。顧客の選好などの定性的分析と、ターゲット市場の定量的分

析を実施します。定量的分析の手法に、3C分析（顧客、コスト、競争企業）があります。

④新製品の開発…製品のプロトタイプを作成します。消費者の選好や思考をどう製品属性として具体化するか、技術者とマーケティング担当者のすり合わせが必要です。

⑤テストマーケティング…地域やチャネルを限定して、価格やプロモーションの効果を測定します。花王のクイックルワイパーは、全国3万人の消費者モニターに1年以上にわたりテストし、商品化を望む声が多いことを確認し、市場導入しました。クイックルワイパーは、世帯普及率50％のヒット商品になっています。

⑥市場導入…タイミングとターゲットを見計らって市場に導入します。

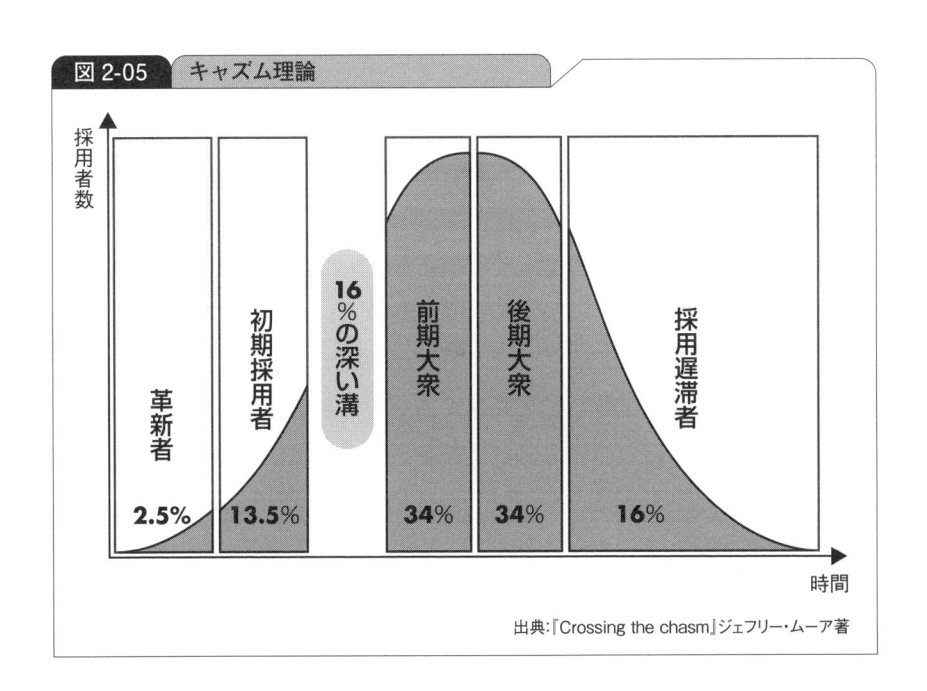

図2-05　キャズム理論

採用者数

革新者 2.5%
初期採用者 13.5%
16％の深い溝
前期大衆 34%
後期大衆 34%
採用遅滞者 16%

時間

出典：『Crossing the chasm』ジェフリー・ムーア著

(2) 新製品の普及プロセスと採用者類型

　市場に導入した新製品が、どのように普及していくのかを知ることは、新製品を開発する上で重要です。E.M.ロジャースは、新製品などの新しい物やサービス、アイディアなどのすべてをイノベーションと捉え、それらがいかに消費者に購買・採用され、市場全体に普及していくのかをモデル化しています。

①革新者（イノベーター）…新製品を最も早い時期に購入する消費者層をいいます。革新者は、新製品や情報を試すことに熱心で、その結果として生じるリスクを進んで引き受けます。革新者は、自らが属する集団に新製品を持ち込む役割を果たしますが、初期採用者のような社会的な影響力を持ち合わせていません。

②初期採用者（アーリーアダプター）…革新者の次に新製品を購入する消費者層です。初期採用者は、他の大衆からみれば生活のモデルとなるため、オピニオンリーダーと呼ばれています。オピニオンリーダーとは、個人的な接触を通じて他の人々に影響を与える人のことをいいます。

③前期大衆（アーリーマジョリティ）…社会集団において、そのメンバーが購買する平均的な時期に新製品を購買する人々を、前期大衆といいます。仲間と一緒に行動することが多く、リーダーシップを発揮することは稀です。

④後期大衆（レイトマジョリティ）…社会集団において、そのメンバーが購買する平均的な時期よりも後に新製品を購買する人々を、後期大衆といいます。社会的に十分に支持されるとわかった後で新製品を購買するため、他のメンバーが強力に説得する必要があります。

⑤採用遅滞者（ラガーズ）…新製品の普及プロセスの最後に登場するのが、新製品などの新しい変化を好まない採用遅滞者です。オピニオンリーダーシップを持っておらず、過去を判断基準にしています。

ロジャースのモデルで重要なことは、新製品の普及段階の初期に位置する革新者と初期採用者の扱いです。オピニオンリーダーになりうるのは、革新者ではなく初期採用者なのです。革新者は、革新性が高すぎて、前期大衆や後期大衆は、自分と同じ生活モデルではないと判断します。したがって、口コミの効果を狙うためには、初期採用者を重視する戦略が重要です。

　新製品の普及を狙うマーケッターは、自社の新製品に対するイノベーターの割合が市場でどの程度あるのか、新製品の普及プロセスがどのように進行していくのかを予測することが重要です。新製品の普及プロセスは、消費財市場ばかりでなく、生産財市場でも当てはまります。生産財市場において、オピニオンリーダーたるリーダー企業を攻略することは、新製品の普及プロセスからも妥当性があります。

(3) キャズム理論

　マーケティングコンサルタントのジェフェリー・ムーアは、ロジャースの理論に対し、初期採用者と前期大衆の間に大きな溝（Chasm）があり、異なるグループに対して同じ方法で製品を提示してもまったく効果がないと述べています（図2-05参照）。初期採用者は"誰も使っていない製品で、新たなベネフィットを求めている"のに対し、前期大衆は"多くの人が利用して、安心できる比較的新しいベネフィットの製品を求めている"からです。

　キャズム理論は、目的の異なる消費者層に対し、同一のマーケティング戦略を展開してはいけないことを示唆しています。

(4) オピニオンリーダーと準拠集団

①オピニオンリーダーとは

オピニオンリーダーとは、他人の購買に影響を与える個人のことをいいます。オピニオンリーダーは、必ずしも友人や知人に限定されません。スポーツ用品メーカーが、有名選手をキャラクターに起用するのは、有名選手にオピニオンリーダー的な役割を期待しているからです。企業が口コミマーケティングを展開する上で、オピニオンリーダーは重要な役割を果たしています。

②準拠集団とは

準拠集団とは、個人の行動規範や自己評価などの意識に対して影響を与える集団のことです。家族や学校、職場、友人グループなどが該当します。和田充夫氏は準拠集団を、①個人が実際に所属している集団、②実際に所属していないが、所属することを望んでいる集団、③所属しな

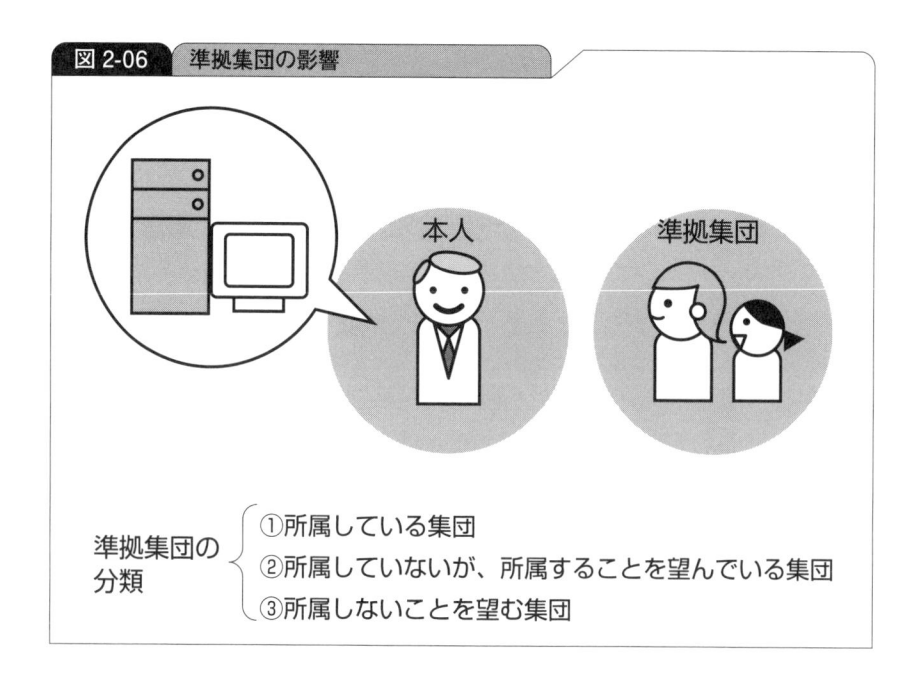

図 2-06　準拠集団の影響

準拠集団の分類
①所属している集団
②所属していないが、所属することを望んでいる集団
③所属しないことを望む集団

いことを望む集団、の3つに分類しています。準拠集団が製品およびブランド選択に関してどのような影響を与えるかを、BeardenとEtzelは、必需性と使用場面で次の4象限に分けています。

図2-07　製品・ブランド選択への準拠集団の影響

必要性／使用場面	必需品（製品選択への準拠集団影響・弱）	贅沢品（製品選択への準拠集団影響・強）
パブリック（ブランド選択への準拠集団影響・強）	2 必需品・パブリック　①影響：製品＝弱／ブランド＝強　②例：腕時計、車、紳士服	1 贅沢品・パブリック　①影響：製品＝強／ブランド＝強　②例：ゴルフクラブ、スキー、帆船
プライベート（ブランド選択への準拠集団影響・弱）	3 必需品・プライベート　①影響：製品＝弱／ブランド＝弱　②例：マットレス、冷蔵庫、フロアランプ	4 贅沢品・プライベート　①影響：製品＝強／ブランド＝弱　②例：TVゲーム、ゴミ圧縮機、製氷機

出典：『マーケティング戦略』和田充夫・恩蔵直人・三浦俊彦著　有斐閣アルマ

section 4　ブランドマネジメント戦略

先発の優位性

　企業が新規ブランドを開発することは、何らかの優位性（アドバンテージ）を狙っているからです。企業が、ある製品カテゴリーに真っ先に参入することを"先発の優位性"といいます。"先発の優位性"には何があるのでしょうか。

(1) 先発ブランドとは
　先発ブランドの優位性のことを、英語で"First Mover Advantage"といいます。最初に活動（製造）した企業が有利であるという意味です。ところで、世界で一番高い山は"エベレスト"です。では、2番目に高い山は？　と訊かれて、答えられますか。同じく、日本で一番高い山は"富士山"です。では、日本で2番目に高い山は？　と訊かれて、言葉に窮してしまう方が多いのではないでしょうか。山の高さは倍も違わないのに、人間の意識の差は計り知れないものがあります。一番と二番以下では、人間の意識の中に大きな差があることがわかります。
　マーケティング戦略でも、No1戦略とNo2以下戦略では、その後の展開が大きく異なってきます。市場に先発で参入するか、後発で参入するかは、マーケティング戦略上重要な意思決定です。ブランドマネジメントでは、ある市場に最初に参入した企業が、当該市場における競争を有利に展開できると考えられています。「カップ麺」市場に最初に参入した"日清食品"、「宅配便」市場に最初に参入した"ヤマト運輸"、「コンパクト洗剤」市場に最初に参入した"花王"など、先発ブランドが新市場を切り開き、その後の競争を有利に展開している事例には事欠きませ

ん。

(2) 先発の優位性とは

　先発の優位性とは、市場に最初に参入した企業が、競争上優位に立つことをいいます。先発の優位性を保持している商品に、ヘッドホン・ステレオの「ウォークマン」、コーラ飲料の「コカ・コーラ」、MP3プレイヤーの「iPod」などがあります。図表2-08（普通名詞化しつつあるブランド）に掲げたように、企業の登録商標であるにもかかわらず、普通名詞化しているブランドが数多くあります。表を見て、ブランド名の方が普通名詞より一般化していることに気づきます。「万歩計」が一企業のブランド名であることを知っている方は、少ないのではないでしょうか。

　1995年にアルパート＆カミンズは、先発ブランドの優位性について、「オリジナルである、先発ブランドであるというメッセージは、年を経

図2-08　普通名詞化しているブランド

No	ブランド名	普通名詞	企業名
①	宅急便	宅配便	ヤマト運輸
②	万歩計	歩数計	山佐時計計器
③	ファミコン	テレビゲーム機	任天堂
④	ウォシュレット	温水洗浄便座	TOTO
⑤	エレクトーン	電子オルガン	ヤマハ
⑥	バンドエイド	ガーゼ付きばんそうこう	ジョンソン＆ジョンソン
⑦	マジックテープ	面ファスナー	クラレ

出典:恩蔵直人氏ホームページより

ても色あせることはない」と述べています。恩蔵直人氏は、「先発ブランドと後発ブランドの時間的遅れ（月数）と先発ブランドの市場シェア（マーケットシェア）との間には、0.349という相関係数が得られている。これは、両者の関係がプラスであり、一方が増えると他方も増えることを意味している」（『競争優位のブランド戦略』日本経済新聞社）と述べています。

(3) 先発ブランドの成功要因

先発ブランドとして成功するためには、マーケティングの4Pのうち、少なくても3つのPに秀でていなければなりません。先発ブランドの成功要因を挙げると、次の4つに集約できます。

①カテゴリーファースト（Category First）

先発ブランドは、ある製品群（カテゴリー）のトップランナーでなければなりません。先発ブランドのシェアを100とすると、2番目に市場参入したブランドのシェアは、先発ブランドの75%に留まっているという報告があります。

②性能・品質面の差別化、独自性

新規の市場を開拓するため、オリジナリティがあり、差別化された製品でなければなりません。

③広告、宣伝力

新規の市場を開拓するために、広告、宣伝に力を入れなければなりません。

④パッケージ・デザインの差別化、独自性

パッケージ・デザイン面でも、独自性が求められています。

(4) 先発ブランドのメリット、デメリット

①先発ブランドのメリット

先発ブランドのメリットには、次の8つがあります。

a.消費者の心の中に参入障壁を築くことができる

　ドライビールなら"スーパードライ"、コンパクト洗剤なら"アタック"など、消費者の心の中に参入障壁を築くことができます。

b.経験効果を活用できる

　経験効果によるコストの引き下げにより、生産コストを引き下げ、コストリーダーシップ戦略を展開しやすくなります。

c.利用者の生の声を収集できる

　他社に先駆けて市場に参入する分、その製品カテゴリーについて、利用者の生の声を収集しやすくなります。

d.うまみのある市場に参入できる

　先発ブランドが進出した市場は、競争相手が誰もいない"ブルーオーシャン"です。独自に開発した流通チャネルを支配することにより、高価格の設定と、有利な市場展開ができます。

e.最も有利な市場ポジションにつけることができる

　新規市場への参入ですから、ブルーオーシャン戦略の展開が可能です。

f.製品の規格を決定することができる

　自社に有利な規格を決定することができ、ディファクト・スタンダードの確立に結びつけられます。

g.切り替えコストを発生させることができる

　消費者の心の中に、切り替えコスト（スイッチングコスト）を発生させることができます。切り替えコストには、金銭的なコスト以外に心理的なコストも含みます。パソコンソフトや携帯電話のユーザーに多くみられます。

h.希少資源を先取りできる

　生産に必要な希少資源を押さえることができます。

②先発ブランドのデメリット

　先発ブランドには、メリットばかりでなく、デメリットもあります。先発ブランドのデメリットをあげると、次の3つになります。

a.宣伝費が膨大

　「新規性」を市場に認知してもらい、価値を伝えるための広告宣伝費が増加します。

b.技術力と研究開発費が必要

　製品面で、後発企業に簡単にマネができない技術と研究開発費が必要になります。

c.高い参入障壁が必要

　高い参入障壁を作らないと、後発企業に市場を奪い取られかねません。

図2-09　先発ブランドのメリット・デメリット

	メリット	デメリット
①	消費者の心の中に参入障壁	宣伝費が膨大
②	経験効果の活用	技術力と研究開発費が必要
③	利用者の生の声の収集	高い参入障壁が必要
④	うまみのある市場への参入	
⑤	有利な市場ポジション	
⑥	製品規格の決定	
⑦	切り替えコスト発生	
⑧	希少資源の先取り	

出典:『競争優位のブランド戦略』恩蔵直人著　日本経済新聞社

section 5　ブランドマネジメント戦略

後発の優位性

　他社がすでに参入している市場に二番手以降で参入することを、後発での参入といいます。後発ブランドで参入することは、デメリットばかりでなくメリットもあります。本sectionでは、"後発の優位性"について考察します。

(1) 後発ブランドとは

　後発ブランドとは、二番手以降にその市場に参入したブランドのことです。後発ブランドは、先発ブランドの対概念として捉えられます。クレジットカードのVISAや缶コーヒーのジョージアは、後発ブランドの代表例です。

　アメリカのクレジットカードの発展史には、次のように記されています。

①1951年:ダイナースクラブがクレジットカード業務を開始
②1958年:バンカメリカード（後のVISAカード）とアメリカンエクスプレスカードが業務開始

　しかし、50年後の現在、VISAカードが後発ブランドであることを意識している人は少ないのです。

　缶コーヒーのジョージアも、先発ブランドではありません。日本で最初に本格的な缶コーヒーを販売したのは、上島コーヒー（UCCブランド）で、その後ポッカレモンが参入しました。両社に遅れること約6年、日本コカ・コーラが"ジョージア"ブランドで市場に参入し、瞬く間に市場を席巻したのは周知の事実です。後発ブランドは、消費者に新しさ、

既存の製品にはない価値を訴えることが必要です。日本コカ・コーラは、チャネル力、すなわち自動販売機の数で他社を圧倒し、一気にシェアを伸ばしました。

　一方、インターネット業界では、先発企業が開発費を回収している間に、後発企業がより良い技術を開発してシェアを逆転するケースがよくあります。現在、文具通販トップのアスクルは、独自のビジネスモデルで一気にシェアを伸ばしましたが、実は通販事業の参入は後発でした。アメリカのオフィス・デポが家電量販のデオデオと提携して広島に上陸するのと前後して、アスクルの前身プラス（株）の新規事業部員がアメリカに視察に行き、新しいビジネスモデルとしてオフィス用品通販が熱い、という情報を持ち帰りました。アスクルが一気に日本市場に広まったのは、ひとえに代理店政策を取ったからであり、オフィス・デポは、自社で地道にカタログを配布し、直営の実店舗を展開するという、自前にこだわったことが足かせになりました。

　最初は、五反田と銀座に500坪以上の直営店舗を展開して、アメリカの倉庫型店舗を再現しましたが、採算がまったく合わず、徐々に小型店舗に移行しました。オフィス・デポの低迷をよそに、アスクルは、通販に特化し、代理店を短期間に増やし、現在のシェアNo.1を築いたのです。

(2) 後発優位とは

　後発優位とは、後発企業が先発企業に対して持つ優位性のことです。後発企業は、先発企業が優位性を保ち続ける難しさを逆手にとり、自社の優位性を獲得します。ハーバード大学のセオドア・レビット教授は、「差別化できない製品などない。セメントや塩でも差別化できる」と喝破しています。一方、「実質的に意味のない差別化要因が、市場では意味を有することがある」とナチュラル・シルクの例を挙げて説明しています。製品に経験価値を付加することで、既存製品と差別化できるのです。（参

照 図2-10 4つの市場参入戦略)

　一方、後発優位性を競争戦略との関連で捉えれば、リーダー企業に対するチャレンジャー企業、フォロワー企業、ニッチャー企業は、後発優位性を発揮しているといえます。コンビニ業界のリーダー企業セブン-イレブンに対し、チャレンジャー企業のローソン、ファミリーマートは巧みな模倣戦略と差別化戦略を展開し、後発の優位性を発揮しています。3社の違いを出店戦略面で比較すれば、全47都道府県にいち早く進出したのはローソンでした。ローソンに次いで、ファミリーマートも全国制覇を果たしました。リーダー企業のセブン-イレブンは、2009年12月末現在、47都道府県のうち未出店が9県あります。セブン-イレブンは、店舗数と店舗密度（ドミナント化率）に重点を置いていることがわかります。一方、海外出店に最も積極的なのはファミリーマートです。

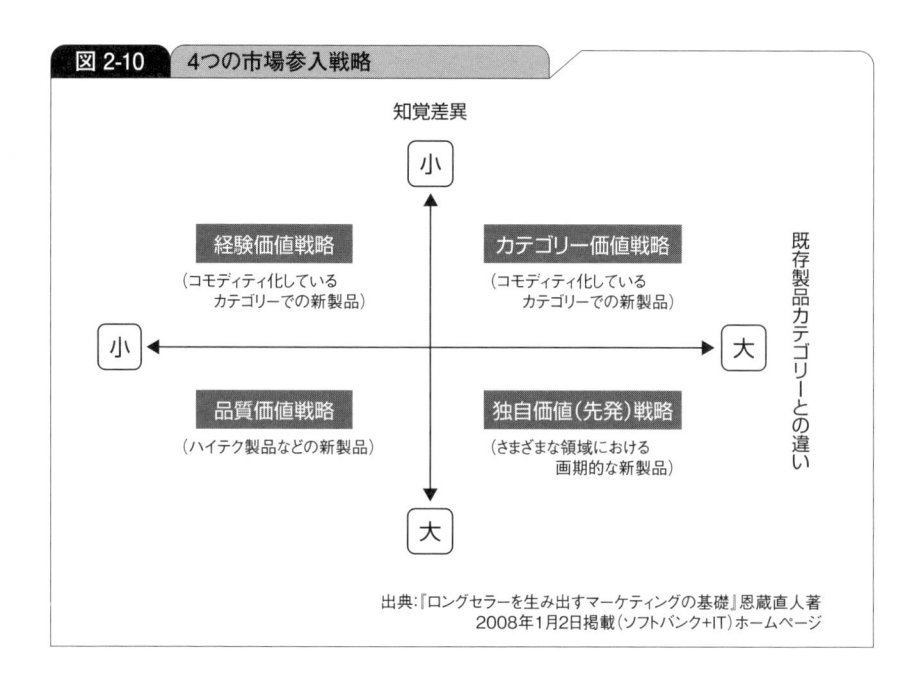

図 2-10　4つの市場参入戦略

```
                    知覚差異
                      ┌─┐
                      │小│
                      └─┘
                        │
    ┌──────────────┐    │    ┌──────────────┐
    │ 経験価値戦略 │    │    │カテゴリー価値戦略│
    │（コモディティ化している│    │（コモディティ化している│
    │ カテゴリーでの新製品）│    │ カテゴリーでの新製品）│
    └──────────────┘    │    └──────────────┘
  ┌─┐                   │                    ┌─┐
  │小│←─────────────────┼─────────────────→│大│
  └─┘                   │                    └─┘
    ┌──────────────┐    │    ┌──────────────┐
    │ 品質価値戦略 │    │    │独自価値(先発)戦略│
    │（ハイテク製品などの新製品）│ │（さまざまな領域における│
    │              │    │    │ 画期的な新製品）│
    └──────────────┘    │    └──────────────┘
                        │
                      ┌─┐
                      │大│
                      └─┘
```

（縦軸右：既存製品カテゴリーとの違い）

出典：『ロングセラーを生み出すマーケティングの基礎』恩蔵直人著
2008年1月2日掲載（ソフトバンク+IT）ホームページ

(3) 後発ブランドの成功要因

後発ブランドの成功要因には、次の5点があげられます。

①需要の不確実性を見極められる
②プロモーション・コストへの投資が少ない
③研究開発コストが少ない
④顧客の変化に対応しやすい
⑤技術面で不確実性に対応しやすい

(4) サブカテゴリーの発見

①ベタープロダクト戦略とは

ベタープロダクト戦略とは、新製品を市場導入するとき、先行している製品よりも品質面で優れていることを訴える戦略のことです。製品差別化戦略の一種と考えられます。コモディティ化が進んでいるカテゴ

図2-11　サブカテゴリーの発見

ビール市場全体に対するチルドビール

ビール市場（メインカテゴリー）

チルドビール（サブカテゴリー）

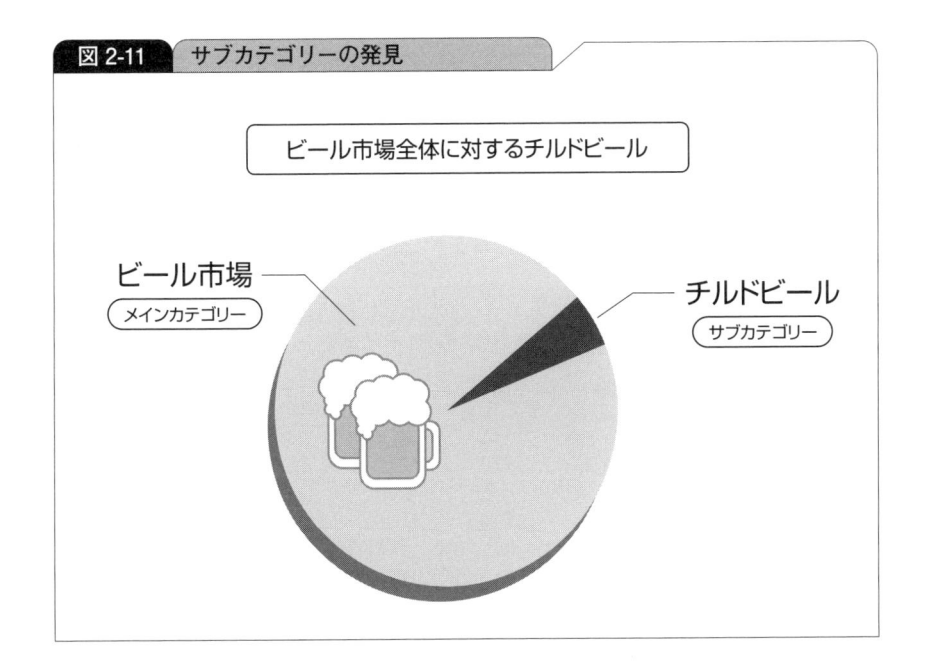

リーでは、ベタープロダクト戦略の有効性は低下してきています。
②サブカテゴリー戦略が有効

　サブカテゴリーとは、メインカテゴリーに対する下位階層のカテゴリーのことです。ビール製品における"チルドビール"はサブカテゴリーに当たります。「企業間の技術的格差が小さくなっているコモディティ化市場において、ベタープロダクト戦略よりも、サブカテゴリー戦略の方が有利になりやすい。市場導入する新製品や新サービスに対して、優れている点を強調するのではなく、新しいカテゴリーである点を強調するとよい」と恩蔵直人氏は述べています。

　サブカテゴリーを発見し成功した事例を研究し、サブカテゴリー戦略の成功要因を探ってみましょう。
①性能や品質における差別化、独自性を訴求

　パソコンや薄型テレビに多く見られるケースです。飲料業界でもみられます。花王の"ヘルシア緑茶"は、健康緑茶飲料という独自のカテゴリーをみつけ、成功を収めました。"ヘルシア緑茶"には、次のようなマーケティング戦略面の特徴があります。
・高濃度茶カテキンを豊富に含む
・当初、販売チャネルをコンビニルートに限定、後に拡大
・飲料部門で初となる「特定保健用食品」の指定
・体脂肪を気にする消費者をターゲット
・500mlボトルで180円以上、高価格戦略を採用
②流通チャネル力を発揮

　後発ブランドながら、先発ブランドを抜いてシェアトップになった製品に、日本コカ・コーラのジョージアがあります。日本コカ・コーラは、1975年コーヒー飲料「ジョージア」を発売し、コーラで築いた自動販売機チャネルを使って、シェアを一気に伸ばしました。
③パッケージ・デザインの差別化・独自性

パッケージ・デザインの差別化・独自性で成功した例に、サントリーの緑茶系飲料"伊右衛門"があります。京都の老舗製茶メーカー"福寿園"とのコラボレーションで生まれた伊右衛門は、京都をイメージさせる緑の竹をデザインしたボトルが印象的です。

section 1　ブランドの基本戦略の全体像
section 2　ブランド強化戦略
section 3　ブランド変更戦略
section 4　ブランド・リポジショニング戦略
section 5　ブランド開発戦略

PART 3

ブランドの基本戦略

ブランドの基本戦略の全体像
ブランド強化戦略とは？
ブランド変更戦略とは？
ブランドリポジショニング戦略とは？
ブランド開発戦略とは？

section 1　ブランドの基本戦略
ブランドの基本戦略の全体像

(1) ブランドの基本戦略とは

　マーケティング戦略は、自社が置かれている市場地位や競争上の利点、経営方針や技術力・マーケティング資源などによって、採用すべき戦略が異なってきます。代表的なマーケティング戦略のフレームワークに、①ドイルの提唱したプロダクトライフサイクル理論（導入期、成長期、成熟期、衰退期ごとの特徴とマーケティング戦略）、②コトラーの市場シェア（リーダー、チャレンジャー、フォロワー、ニッチャー）による市場地位別戦略、③嶋口充輝氏の提唱する相対的経営資源（量と質）の大小によるマーケティング戦略、などが有名です。

　これまでのマーケティング戦略の議論は、マーケティングの4Pレベルの議論が中心でした。しかし、ブランド構築に当たっては、4Pレベルの議論を参考にしながら、ブランドに特化したフレームワークが必要です。なぜなら、ブランド構築に当たっては、ブランドをマーケティング戦略の中心に据え、ブランドの基本方針の設定が必要不可欠だからです。ブランドの基本戦略とは、ブランドの基本方針のことをいいます。

(2) 基本戦略の4類型

　恩蔵直人氏は、ブランドの基本戦略のフレームワークを、アンゾフの製品・市場マトリックスを参考に、図のような4つの類型で示しています。ブランドの新規性を横軸に、市場の新規性を縦軸にとり、全体を4つの象限に分け、①ブランド強化戦略、②ブランド変更戦略、③ブランド・リポジショニング戦略、④ブランド開発戦略、に分類しています。

①ブランド強化戦略…既存市場で既存ブランドを強化する戦略
②ブランド変更戦略…既存市場に新規ブランドを投入する戦略
③ブランド・リポジショニング戦略…新規市場に既存ブランドを投入する戦略
④ブランド開発戦略…新規市場に新規ブランドを投入する戦略

(3) ブランドアイデンティティの構築
①ブランドアイデンティティとは

　企業は、長期的な視点に立ってブランドを構築しなければなりません。なぜなら、ブランドは企業と顧客の双方で構築するものだからです。ブランド構築にあたって中核となる概念が、ブランドアイデンティティです。ブランドアイデンティティとは、ブランドの基本コンセプト、すなわち企業が顧客の頭や心の中に何を築きたいのか、顧客とどんな約束・契約をしたいのかをいいます。言葉を換えれば、企業がブランドに象徴させたいもの、顧客に対するブランドの約束が、ブランドアイデンティティです。ブランドアイデンティティの決定は、ブランド構築の出発点です。

　ブランドアイデンティティと似た概念に、ブランドイメージがあります。ブランドイメージとは、ブランド構築を図った結果、顧客がブランドをどう思っているのかという成果や結果を示す概念です。したがって、ブランドの構築に当たっては、ブランドアイデンティティが出発点になり、ブランドイメージは到着点と考えることができます。

(4) ブランドアイデンティティ作成の意義

　企業がブランドアイデンティティを持つことは、企業にとって必要なばかりでなく、顧客にとっても意義があります。企業が明確なブランドアイデンティティを持つことは、顧客にとってブランド価値の源泉とな

り、ブランドに対する理解を深めることにつながります。

（5）ブランドアイデンティティの構成要素
　D.A.アーカーは、『ブランドエクイティ論』の中で、ブランドアイデンティティの構成要素を、次の4つに分類しています。
①商品としてのブランド
　商品の物理的な性質、機能、使用者など、商品そのものの属性によるアイデンティティのことです。
②企業としてのブランド
　商品を提供している企業に対する評価から生じるアイデンティティのことです。しばしば、ブランド・ロイヤルティの源泉となります。
③人としてのブランド
　ブランドを象徴する人（例えば社長、CMのタレント、社員など）がもたらすアイデンティティのことです。「人気スポーツ選手が使っている」スポーツ用品は、その商品のブランドアイデンティティになります。
④シンボルとしてのブランド
　ロゴマークのような視覚的イメージなど、そのブランドを想起させるシンボルのことです。多くは、長期間にわたってシンボルとして使い続けることで、顧客の中でブランドとシンボルが密接に結びつくようになる蓄積的な価値です。

（6）ブランドアイデンティティの確立方法
　ブランドアイデンティティは、企業と顧客双方で育てるものです。したがって、自社の多くの社員が自社商品をよく理解し、愛着を持っていなければなりません。次に、顧客にそのよさを知らせる活動、すなわち企業から顧客に発信するメッセージが重要です。ブランドアイデンティティの確立には、企業と顧客の双方向コミュニケーションが不可欠です。

図3-01　ブランドの基本戦略の体系

	既存ブランド	新規ブランド
既存市場	**ブランド強化戦略** 〈課題〉 ・流通やプロモーションの見直し ・丁度可知差異を考慮した製品改良 　（著しく変わったと感じさせない程度 　の製品の改良）	**ブランド変更戦略** 〈課題〉 ・市場への迅速なブランド浸透 ・過去のブランドイメージとの切り離し
新規市場	**ブランド・リポジショニング戦略** 〈課題〉 ・新しいブランドコンセプトを消費者に 　伝える ・反復的なプロモーション	**ブランド開発戦略** 〈課題〉 ・先発者であれば、ブランド連想の確 　立とブランド名声の維持 ・後発者であれば、ブランドの差別化

出典:『競争優位のブランド戦略』恩蔵直人著　日本経済新聞社　p35を一部加筆

図3-02　ブランドアイデンティティの構成要素

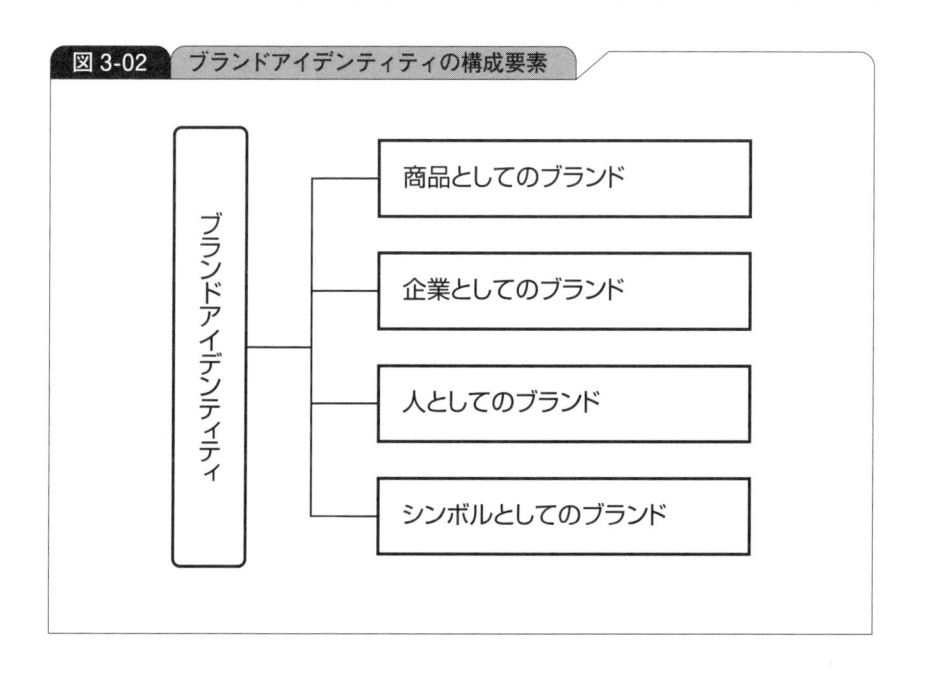

ブランドアイデンティティ
- 商品としてのブランド
- 企業としてのブランド
- 人としてのブランド
- シンボルとしてのブランド

section 2　ブランドの基本戦略

ブランド強化戦略

(1) ブランド強化戦略とは

　ブランド強化戦略とは、既存市場に既存ブランドを展開するマーケティング戦略です。対象市場もブランドも変更せず、従来のマーケティング戦略を強化する戦略です。したがって、リスクは比較的少なくて済みます。自社ブランドの市場浸透が弱い場合や、販売競争が激化し、現状のポジションを維持したいときに有効です。

(2) ブランド強化戦略の前提条件

　ブランド強化の対象は、マーケティング・ミックスの投入により販売増が期待できる、プロダクトライフサイクルの成長期後半または成熟期前半の製品です。したがって、対象製品が消費者に広くかつ長期にわたって認知されていることが、ブランド強化の前提条件です。恩蔵直人氏は、ブランド強化戦略について、"長期的にブランドを育成する場合や、ブランドのコンセプトには問題はないが、消費者における認知率が低かったり、店頭でのフェイスが確保されていないブランドに採用されるべき戦略である"『競争優位のブランド戦略』（日本経済新聞社）と述べています。

(3) ブランド強化戦略のメリット・デメリット

　ブランド強化戦略には、次のようなメリットがあります。
①最もリスクが少ない…従来のブランドを変更せず、かつ販売市場も変えないため、失敗の確率は小さく、4つのブランド基本戦略の中で最

もリスクが少なくて済みます。
② マーケティング戦略を構築しやすい…進むべき方向が従来の戦略の延長線上にあり、マーケティング戦略の構築が容易です。
③ コストがかからない…新ブランドの開発に比べ、既存ブランドのテコ入れの方がコストはかかりません。

一方、ブランド強化戦略には、次のようなデメリットがあります。
① 大きなリターンを期待できない…既存市場へのブランド浸透のため、リスクが小さい分、大きなリターンを期待できない。
② 丁度可知差異（後段で解説）を感じない製品では成功しない…消費者が、従来製品との違いを識別できない製品では成功しない。

(4) ブランド強化戦略の手順

ブランド強化に当たっては、4Pの基本（製品、価格、流通、プロモーション）から見直し、建て直しを行います。成分やデザインを変更するとき、「丁度可知差異」を考慮した製品改良が重要です。「丁度可知差異（just noticeable difference）」とは、心理学で用いられている用語で、"指摘されて初めて気づく程度の違い"のことをいいます。丁度可知差異は、ブランドの陳腐化を防ぎ、ブランドを強化するときに使います。一度構築したブランドを長期にわたり育成・強化するために、パッケージや属性を少しずつ変更します。発売以来20年が経過したキリンビールの"一番搾り"は、発売当初から少しずつ味やデザインを変更していますが、変化に気づいている消費者は少ないものです。なぜなら、キリンビールは消費者の「丁度可知差異」を意識しながら、ブランド強化を図っているからです。

(5) ブランド強化戦略の留意点

ブランド強化は、短期的な志向ではなく、長期的な視点で育成するこ

とが重要です。ブランド強化に当たっては、次のような視点に留意する必要があります。
①ブランドの属性やパッケージを微調整して、ブランドの陳腐化を防ぐ。
②基本部分を保ちながら、徐々に品質面・性能面の改善・改良を行う。
③消費者にブランドが変わったと実感されないように、属性、パッケージを修正する。

(6) ブランド強化戦略の成功例

　ブランド強化戦略の成功要因を、花王とロッテの製品で考えてみましょう。
①花王の洗濯用洗剤"アタック"
　コンパクト洗剤の代名詞になっている花王の"アタック"は、1987年"スプーン1杯で驚きの白さを"をキャッチフレーズに、市場投入されました。発売以来22年間で、マイクロ粒子やバイオ酵素の採用など成分の変更、パッケージ・デザインの改良を重ねてきました。その間、知名率100%（花王調べ）に達するなど、ブランド強化戦略が功を奏しています。花王の社内には、"俺がアタックを造った"という社員が100名いるといわれています。組織の力で、長年にわたってブランド力を築き上げてきた証左です。
②ロッテの"クールミントガム"
　ロッテの"クールミントガム"は、1956年、ペンギンと月をイメージしたパッケージ・デザインで発売されました。50年後の現在、発売当時のベースカラーを踏襲しながら、製品の2面にロゴタイプとペンギンを振り分け、全体的に昔の製品の印象を漂わせる巧妙なデザインになっています。"若々しくなった"と、新デザインは消費者に好評です。変える部分と変えない部分を明確にして、"クールミントガム"はブランド強化に成功しています。

図 3-03　ブランド強化戦略の例

ロッテのクールミントガムのブランド強化の例

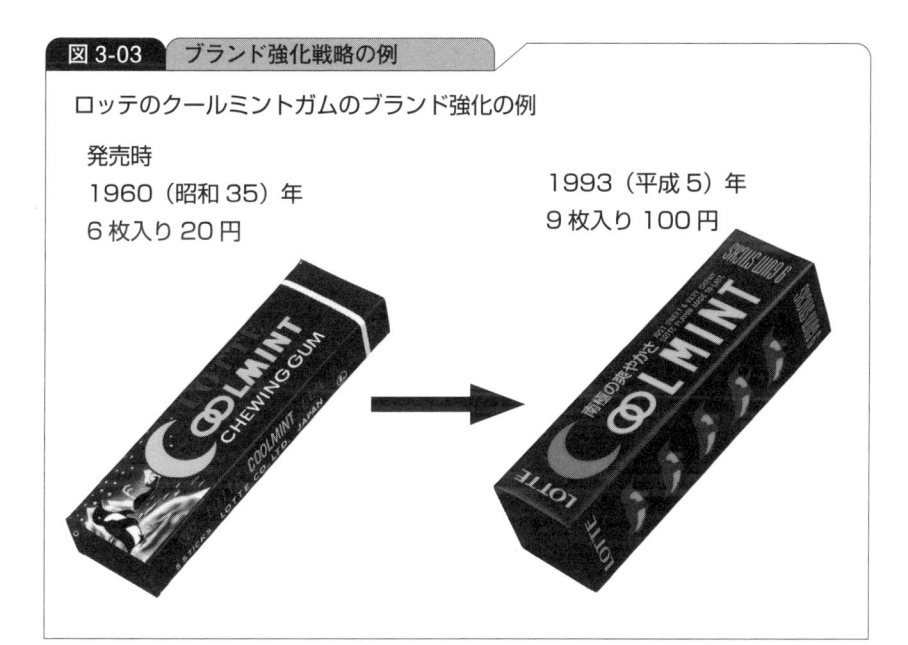

発売時
1960（昭和 35）年
6 枚入り 20 円

1993（平成 5）年
9 枚入り 100 円

PART 3　ブランドの基本戦略

section 3　ブランドの基本戦略

ブランド変更戦略

(1) ブランド変更戦略とは

　ブランド変更戦略とは、既存市場に新規ブランドを投入する戦略です。対象市場を変更せず、ブランドのみ変更します。ブランド変更戦略は、値崩れしてきたブランドを廃棄したり、不祥事を起こしたブランドをたて直したり、消費者にとってのブランドの「鮮度」感を維持するときに採用します。小川孔輔氏は、"ロングセラーブランドであっても、あまりに長い間、何も手を加えていないと顧客は次第に離れていきます（ブランドの加齢効果）。"『よくわかるブランド戦略』（日本実業出版社）と指摘しています。さらに、長寿ブランドが凋落していく理由として、次の3つをあげています。

①ブランドを愛用している消費者が年老いてしまう。

②消費者がある時期を過ぎると、商品が使用されなくなる。幼児商品や女性用のナプキンなどが該当する。

③時間とともにターゲット顧客が加齢して、そのブランドから"若々しいイメージ"が失われる。

(2) ブランド変更戦略のメリット・デメリット

　ブランド変更戦略には、次のようなメリットがあります。

①消費者に新規ブランドで新しさを訴求できる

　製品の成分や製法は変わりませんが、旧ブランドを一掃して利用者の増加、売上高の増加を狙います。ブランド変更で成功した例は、たくさんあります。1981年、レナウンはビジネスマン向けに機能性靴下"フレッ

シュライブ"を発売しました。発売当初3億円の売上高を確保しましたが、その後減少の一途をたどりました。レナウンは起死回生を狙って、商品名を"通勤快足"に変更して再度市場に投入したところ、年間売上高が13億円を突破する大ヒットになりました。

サントリーの缶コーヒー"BOSS"も、ブランド変更で成功しました。当初の製品名は"WEST"でしたが、売れ行きは今ひとつでした。1987年、ブランド名を"BOSS"に変更したところ大ヒットとなり、20年以上にわたって缶コーヒーの人気ブランドになっています。

②ブランド開発戦略よりリスクは小さい

ブランド変更は、ブランドは変えても市場は同一のため、ブランドも市場も新規のブランド開発戦略に比べてリスクは小さいのです。

③過去のイメージを一新できる

過去のイメージには、"よいイメージ"と"悪いイメージ"の2つがあります。このうち、ブランド開発は、"悪いイメージ"を払拭するために採用されます。"MEGMILK（メグミルク）"は、"悪いイメージ"を払拭して成功しました。2000年に発生した集団食中毒事件、その後の牛肉偽装事件によって壊滅的なダメージを受けた雪印乳業は、農協系乳業メーカー"全農"、"全酪連"と経営統合し、日本ミルクコミュニティを発足しました。同社が発売した新ブランド"MEGMILK"は、真っ赤なパッケージでブランドイメージを一新し、消費者の信頼を獲得しました。パッケージの赤は、"太陽、生命、活力"を示しています。

④高級感を打ち出すことができる

ブランド変更によって、高級感を打ち出すことができます。ソニーは、テレビ部門の復活への期待を込めて、テレビのブランドを、"WEGA"から"BRAVIA"に変更しました。ソニーは、トリニトロン方式のブラウン管テレビにこだわりを持っていたため、液晶テレビへの参入が遅れました。社内でも、旧方式にこだわる反対勢力があったことは否めま

せん。社内への徹底と顧客へのPRも込めてブランドを変更し、液晶テレビの高級感の演出に成功しました。

　一方、ブランド変更戦略には、次のようなデメリットがあります。
①さまざまなブランド資産を放棄しなければならない

　今まで築き上げてきたブランド・ロイヤルティ、ブランド認知、ブランド連想などのブランド資産を放棄し、再びゼロからスタートしなければなりません。"日産"は、1981年アメリカ市場で"ダットサン（Datsun）"の名称を"日産（Nissan）"に変更しました。製品名と社名を一致させ、販売を有利に展開することが目的でした。目的は達成しましたが、日産はアメリカ市場で、その間（1982年対1984年）シェアを1.4％落としました。

②旧ブランドの知名度や旧ブランドを支持してくれた優良顧客をすべて手放すことになります。
③ゼロからスタートしなければならないため、ブランド変更にコストがかかります。D.A.アーカーは、上記日産のケースで、ブランド変更コストは5億ドルを超えたと試算しています。（『ブランドエクイティ戦略』ダイヤモンド社）
④ブランド強化に比較して、リスクが高くなります。

(3) ブランド変更戦略の形態

　企業がダブル・ブランド戦略を採用している場合、メインブランドが市場に浸透しているため、個別ブランドの変更のみで済みます。社名変更も、ブランド変更戦略のひとつの形態と考えられます。

(4) ブランド変更戦略の留意点

　ブランド変更戦略の留意点は、下記の通りです。
①市場への迅速なブランド浸透

市場への迅速なブランド浸透を図るために、旧ブランドの切り離しと、新たなコンセプトの打ち出しが必要不可欠です。
②過去のブランドイメージの切り離し
　市場がすでに存在しているため、過去のブランドイメージを早めに切り離し、新ブランドを浸透させます。
③新たなコンセプトを明確に打ち出す
　ブランド変更では、新ブランドのコンセプトを明確にして、旧ブランドとの違いを際立たせます。

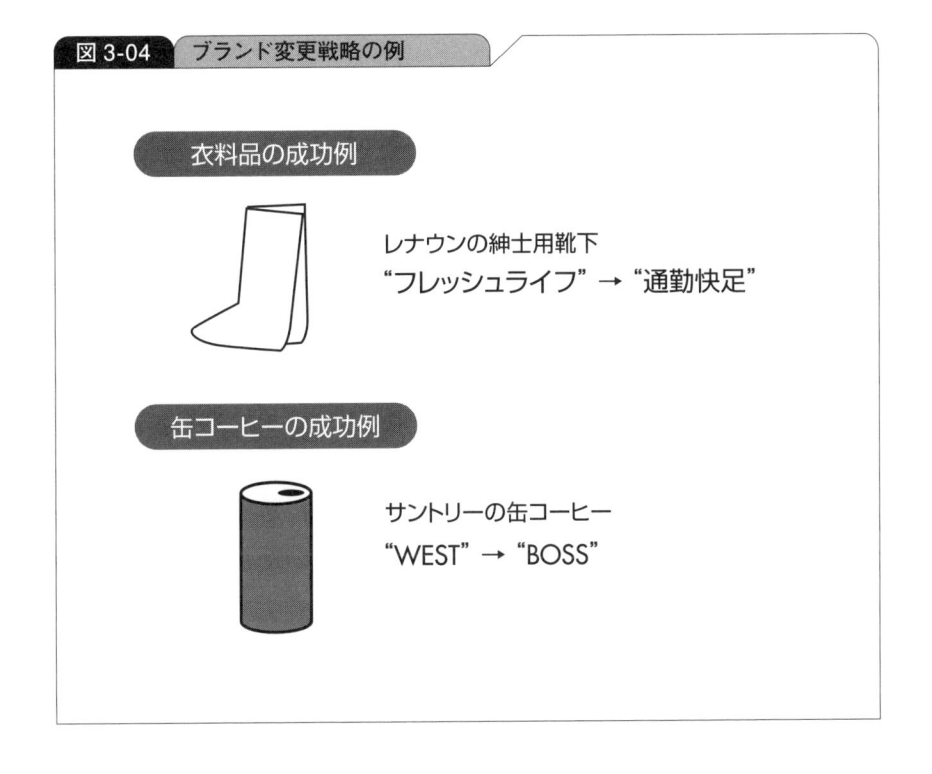

図 3-04　ブランド変更戦略の例

衣料品の成功例

レナウンの紳士用靴下
"フレッシュライフ" → "通勤快足"

缶コーヒーの成功例

サントリーの缶コーヒー
"WEST" → "BOSS"

section 4　ブランドの基本戦略

ブランド・リポジショニング戦略

(1) ブランド・リポジショニング戦略とは

　ブランド・リポジショニング戦略とは、新規市場に既存ブランドを展開することです。ポジショニングとは、ライズとトラウトによれば、"見込み客の頭の中で行われる商品の位置づけ"のことです。1970年代半ば以降、消費の成熟化に伴い、多くのブランドが市場にあふれ出た結果、ブランドのポジショニングの概念が重要性を増してきました。ブランド・リポジショニング（brand re-positioning）とは、ターゲット市場が変化し、ブランドのポジショニングが適切でなくなった場合に、ブランドの位置づけを再構築し、ブランドを再活性化させることです。

　ブランド・リポジショニング戦略は、①対象市場を新しいセグメントに変更し、売上高の増加を図る、②既存ブランドのターゲットを変更する、③ターゲット市場の変化によりブランドのポジショニングが適切でなくなったとき、などに採用されます。

(2) ブランド・リポジショニング戦略の有効性

　ブランド・リポジショニング戦略は、プロダクトライフサイクルの成熟期のコモディティ化した製品で有効です。コモディティ製品は、価格切り下げ圧力が強まり、利益が上がらなくなります。そこで、上級ブランドにリポジショニングするのです。JR東日本のスイカ（Suica）は、当初、切符の購入や改札の効率化を目的に導入されました。しかし、スイカには携帯認証・決済機能があるため、使用用途が一気に広がり、一般商品・サービス購入時の決済手段として利用されるようになりました。

ブランド・リポジショニング戦略をプロダクトライフサイクル理論との関連でみると、前述したようにリポジショニングに適しているのは成熟期製品です。ブランド・リポジショニング戦略は、プロダクトライフサイクルの延命策のうち、"新市場開拓"に該当します。新市場開拓で成功した例として、子供用紙おむつを高齢者（シルバー）用に転用したケースが有名です。子供用紙おむつは、①使用される期間が短い、②少子化の影響で使用量が減少、などの外部環境の脅威にさらされていました。ブランド名を変えず、ターゲットを高齢者に変更し、成功を収めました。最近のペットブームにより、ペット用おむつ市場も拡大の一途です。

　次に、医薬品業界のブランド・リポジショニング戦略の事例を紹介します。医薬品は、医師の判断で使用できる医家向け医薬品と、市販薬として薬局でも買えるように販売が許可された一般医薬品に大別できます。従来、医家向け医薬品だった製品を医療薬から市販薬（OTC：Over The Counter）にスイッチ（変更）した薬を"スイッチOTC"といいます。文字通り、医薬品の延命策です。スイッチOTCの例として、胃腸薬の"H2ブロッカー"や育毛剤の"リアップ"などがあります。スイッチOTCの登場で、セルフ・メディケーション（自分で治せるものは自分で治す）の幅が広がっています。

(3) ブランド・リポジショニング戦略のメリット・デメリット

　ブランド・リポジショニング戦略には、次のようなメリットがあります。

①市場機会の拡大につながる

　大塚製薬のポカリスエットは、1980年の発売以来、味や成分を変更していませんが、ターゲットを微妙に変更してきました。当初は体育会系の飲料としてのイメージが強かったのですが、現在は「機能訴求型」

飲料としてリポジショニングに成功し、市場を拡大しています。
②ブランド失敗のリスクが少ない

　ブランド・リポジショニング戦略は、ブランドを変更せずに、ターゲット市場のみを変更するため、ブランド失敗のリスクは少なくて済みます。
③ブランドの高級感を演出できる

　ブランド・リポジショニング戦略に成功すれば超ブランド化、すなわちブランドの高級感を演出できます。トヨタは、"レクサス"ブランドで北米の高級車市場に参入し、成功を収めました。逆上陸する形で、日本市場にも"レクサス"ブランドを投入し、成功しました。

　一方、ブランド・リポジショニング戦略には、次のようなデメリットがあります。
①市場のニーズを読みきらないと、失敗のリスクが高い

　特定市場で成功しているからといって、新規市場の調査を十分行わないで進出すると、失敗の確率が高くなります。

(4) ブランド・リポジショニング戦略の手順

　ブランド・リポジショニングは、次の手順で実行します。
①アンケートやヒアリングで顧客調査を行い、現状を把握する
②対象市場を思い切って設定する
③消費者に新しいブランドコンセプトを伝える
④反復的なプロモーションを実施する
⑤エリアマーケティングと連動する

(5) ブランド・リポジショニング戦略の留意点

　ブランド・リポジショニング戦略の留意点として、いかにして新市場を発見するか、があげられます。

D.A.アーカーは、新市場発見に役立つ指針として、次の4つをあげています。
①年齢、地理的位置、求められる便益、性別などの市場細分化の変数を考慮
②衰退期あるいは成熟業界内で成長セグメントの発見
②十分に満たされていないセグメントの発見
④ブランドが合うように調整でき、価値を提供できるセグメントの発見
　いかに混乱を避け、新しいブランドコンセプトを消費者に伝えられるか、ブランドアイデンティティの確認が必要です。

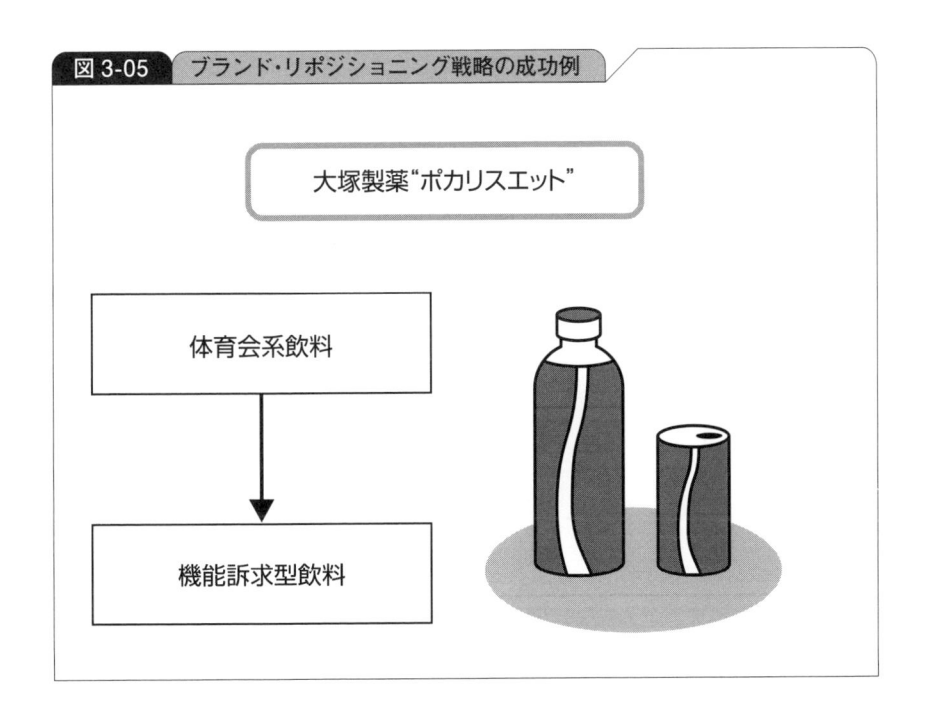

図 3-05　ブランド・リポジショニング戦略の成功例

大塚製薬"ポカリスエット"

体育会系飲料
　↓
機能訴求型飲料

section 5　ブランドの基本戦略
ブランド開発戦略

(1) ブランド開発戦略とは

　ブランド開発戦略とは、新規市場に新規ブランドを導入する戦略です。ブランド開発戦略は、未経験の市場に、消費者の認知度がまったくないブランドで新規参入します。したがって、4つのブランド基本戦略のうち、最もリスクが高く、リターンも大きくなります。飲料や食品、自動車、家電業界などで、よく用いられる手法です。

　ブランド開発戦略の成功例として、ソニーのウォークマンをみてみましょう。ソニーのウォークマンは、今ではヘッドホン・ステレオの代名詞となっています。ウォークマンの開発時、当時会長であった盛田昭夫氏は、娘が海外旅行から帰った際に「ただいま」も言わず自分の部屋で音楽を聴いているのを見て、"場所を選ばず、いつでもどこでも音楽を聴けるカセットテープ"の開発を指示したといいます。当時社内から、スピーカーのないプレイヤーは絶対に売れないと猛反対されましたが、それを押し切って開発を続行、音質のよさも功を奏し、大ヒットを遂げたことは周知の事実です。

　ウォークマンはもちろん新ブランドですが、"場所を選ばず、いつでもどこでも音楽を聴けるカセットテープ"が新市場です。盛田昭夫氏は、名経営者であるとともに名マーケッターでもあったのです。娘さんのちょっとした変化を見逃さず、消費者の潜在的ニーズを市場創造につなげたのです。

(2) ブランド開発戦略のメリット・デメリット

ブランド開発戦略には、次のようなメリットがあります。
①先発者の優位性を獲得できる
　ブランド開発戦略は、ブルーオーシャン戦略です。誰もいない大海原に船を漕ぎ出すように、売上高・利益を独り占めにできます。しかし、1社独占では市場の拡大は難しく、競合他社が参入することによって、市場全体が拡大していきます。
　企業にとって、よい競争業者を持つメリットを指摘したのは、M.E.ポーターでした。ブルーオーシャン戦略の成功例として、10分1,000円のカット専門店QBハウス、任天堂のWii、アップルのiPod（アイポッド）などがあります。ウォークマンや上記3つの事例は、私たちにブランド開発と市場創造の重要性を教えてくれます。
②過去のイメージを払拭して、うまみのある市場を獲得できる
　ブランド開発戦略は、過去の負のイメージを払拭できます。この点は、ブランド変更戦略と共通しています。
③組織に刺激を与えることができる
　組織は、大きくなればなるほど、運営期間が長くなればなるほど、組織慣性が働き、動きが鈍くなるといわれています。官僚制組織の逆機能が働くからです。ハイリスク、ハイリターンな分野に進出することで、組織に風穴を開け、組織を活性化させます。
　一方、ブランド開発戦略には、次のようなデメリットがあります。
①ブランド資産がゼロからスタートするため、最もハイリスク、ハイリターンな戦略である
　ブランドをゼロから構築していくため、コストと時間・労力を費やします。
②失敗が他のブランドにも影響する
　成功した場合のリターンが大きいことはメリットですが、失敗はそのブランドだけではなく、他のブランドにも影響を与えます。したがって、

企業はブランド開発戦略を導入するとき、個別ブランド戦略を採用し、失敗のリスクを最小限になるよう心がけます。

(3) ブランド開発戦略の手順
ブランド開発戦略は、新製品開発戦略の手順とほぼ同一です。手順を示すと、次のようになります。
①市場機会の発見
②製品デザイン
③テスト
④市場導入
⑤ライフサイクルマネジメント
⑥収穫・撤退

(4) ブランド開発戦略の留意点
ブランド開発戦略の留意点として、恩蔵直人氏は、①先発ブランドの場合、②後発ブランドの場合、の2つに分けて説明しています。
①自社が先発ブランドの場合
当該ブランドと製品カテゴリーを結びつける連想戦略を進める。
②自社が後発ブランドの場合
先発ブランドといかに差別化するかが課題である。サブカテゴリーの創造がポイントである。

(5) ブランド開発戦略の成功例
先述したソニーも市場創造の得意な会社ですが、カロリーメイトやポカリスエット、ファイブミニなどを次々に市場に投入する大塚製薬、メリット、アタック、クイックルワイパーなどを次々にヒットさせる花王も、ブランド開発戦略が巧みな企業の代表です。

図 3-06　ブランド開発戦略の手順

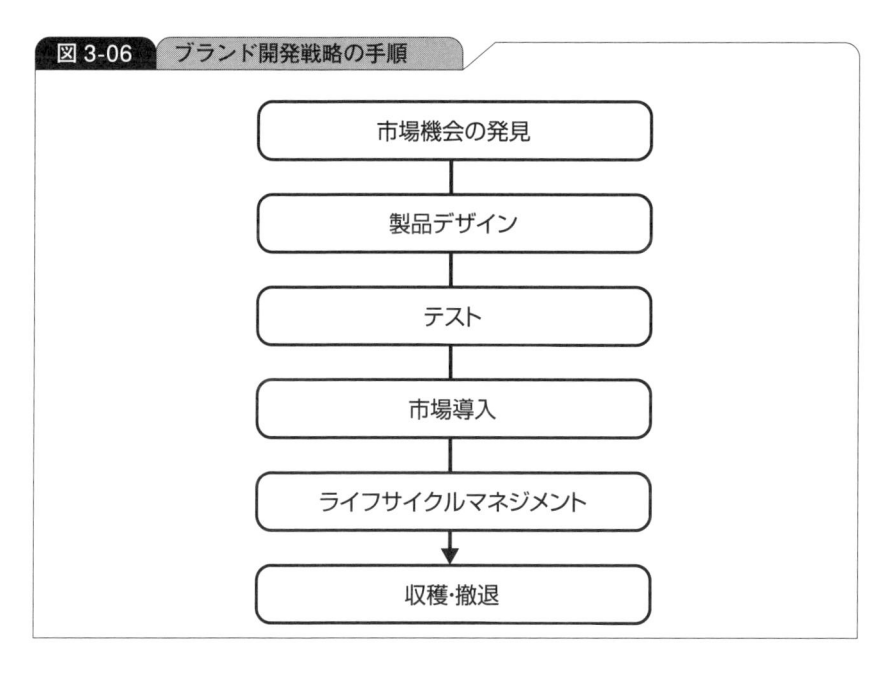

市場機会の発見
↓
製品デザイン
↓
テスト
↓
市場導入
↓
ライフサイクルマネジメント
↓
収穫・撤退

図 3-07　ブランド開発戦略の成功例

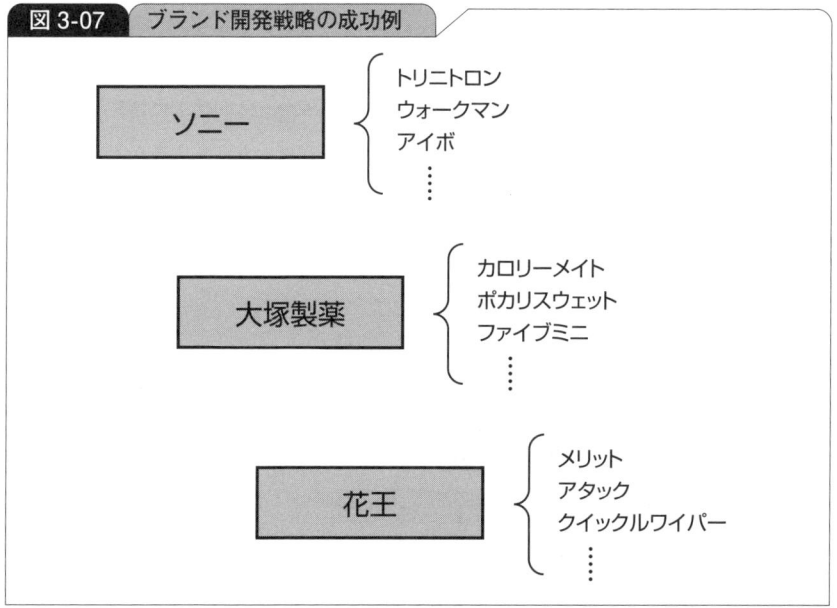

ソニー
- トリニトロン
- ウォークマン
- アイボ
- ⋮

大塚製薬
- カロリーメイト
- ポカリスウェット
- ファイブミニ
- ⋮

花王
- メリット
- アタック
- クイックルワイパー
- ⋮

PART 3　ブランドの基本戦略

section 1 ファミリー・ブランド戦略
section 2 ダブル・ブランド戦略
section 3 ブランド・プラス・グレード戦略
section 4 個別ブランド戦略
section 5 分割ファミリー・ブランド戦略

PART 4

ブランドの採用戦略

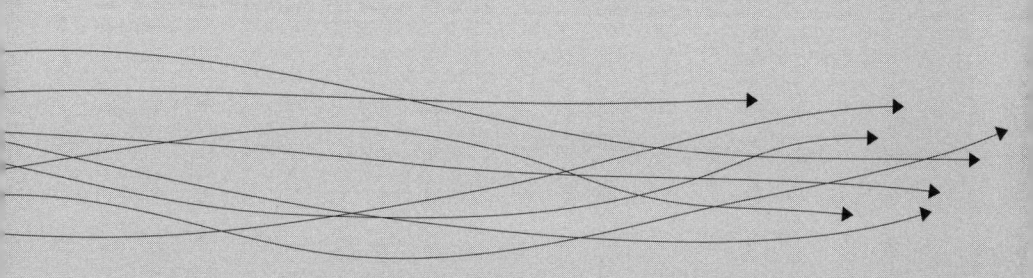

ブランド採用戦略の全体像
ファミリーブランド戦略と個別ブランド戦略の違い
ブランドのアンブレラ効果とは？
分割ファミリーブランド戦略のメリットとは？

section 1　ブランドの採用戦略

ファミリー・ブランド戦略

　市場が成長段階から成熟段階へ移行すると、ブランド数が増加し、新しいブランド戦略の構築が急務になってきます。ブランド採用戦略は、ソニーのように「企業名」を訴求するケース、JT社のマイルドセブンのように「ブランド名」を訴求するケースが基本パターンです。これらの基本パターンの応用と組み合わせにより、ブランドの採用戦略はさまざまに分化します。

(1)　ファミリー・ブランド戦略とは
　ファミリー・ブランド戦略とは、企業が提供する多くの製品に共通的に用いる単一ブランド（統一ブランド）のことです。ひとつの強力なマスターブランドの下に、同一コンセプトの複数の下位ブランド（サブブランド）が存在しているパターンです。サブブランドをさらに細分化すると、レンジブランドになります。ファミリー・ブランドとは、ソニーやコカ・コーラのように、企業の名前がブランド化しているものです。したがって、ファミリー・ブランドのことを、コーポレートブランドと呼ぶこともあります。コーポレートブランドの良し悪しが、企業価値の形成に大きな影響を与えます。
　ファミリー・ブランド戦略とは、企業が扱っている製品ラインの標的市場が同質的で、製品ライン間のイメージや競争地位も同質的な場合に、すべての製品ラインに同一ブランドをつけることです。個々の製品ラインを、別々の広告や販売促進活動で訴求するよりも、統一されたイメージで訴求する方が効果的だからです。ソニーや日立製作所などは、ファ

ミリー・ブランド戦略を採用しています。

(2) ファミリー・ブランド戦略の特徴
　ファミリー・ブランドは、社名や社名の一部を使用している場合がほとんどです。取り扱っている製品の異質性が高い場合は、ファミリー・ブランド戦略の採用は好ましくないとされています。

(3) ファミリー・ブランド戦略のメリット・デメリット
　ファミリー・ブランド戦略のメリットをあげると、次のようになります。
①新製品の導入が比較的容易にできる
②コミュニケーション効率が向上する…"ロゴ"や"シンボル"などの記号広告に消費者へのメッセージを集中させたほうが、効率は高い
③商品を企業ブランドで保障することができる…傘の下に置く
④従業員のモチベーションの向上につながる…ブランドを最も気にかけているのは従業員である
　一方、ファミリー・ブランド戦略のデメリットをあげると、次のようになります。
①ある製品の失敗が、会社の名声を傷つけるおそれがある

(4) ファミリー・ブランド戦略の留意点
　ファミリー・ブランド戦略は、ブランドの名声や知名度を重視し、ブランド資産を強化します。市場も製品も同質的なので、個々の製品ラインを別々にプロモーションするより、統一したイメージで訴求するほうが効果的です。

(5) ファミリー・ブランド戦略の成功例

ファミリー・ブランド戦略の成功例として、ライオンの「植物物語」をあげることができます。1992年、ライオンは植物原料（東南アジア産の天然パームと天然ヤシ油）100％の化粧石鹸を開発しました。翌1993年、シャンプーとリンス、ボディソープにも「植物物語」ブランドを採用しました。各商品カテゴリーで個別ブランドを採用せず、ヘアケア製品、ボディケア製品、洗顔料など、複数の商品カテゴリーを横断したファミリー・ブランド戦略を導入したことが成功のポイントです。

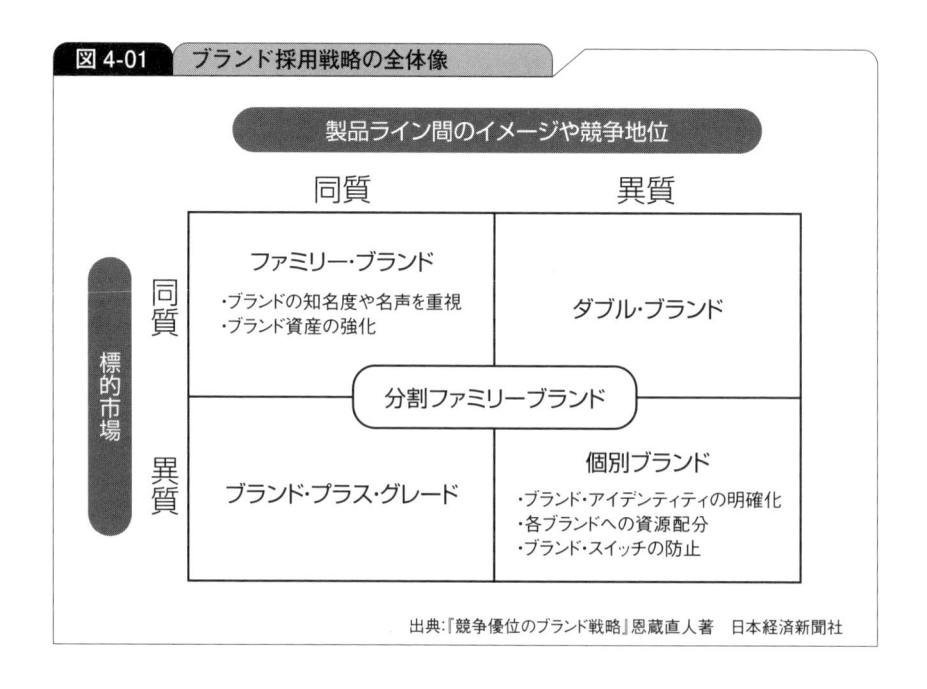

図4-01　ブランド採用戦略の全体像

製品ライン間のイメージや競争地位

標的市場	同質	異質
同質	ファミリー・ブランド ・ブランドの知名度や名声を重視 ・ブランド資産の強化	ダブル・ブランド
	分割ファミリーブランド	
異質	ブランド・プラス・グレード	個別ブランド ・ブランド・アイデンティティの明確化 ・各ブランドへの資源配分 ・ブランド・スイッチの防止

出典：『競争優位のブランド戦略』恩蔵直人著　日本経済新聞社

図 4-02　ファミリー・ブランド戦略の成功例

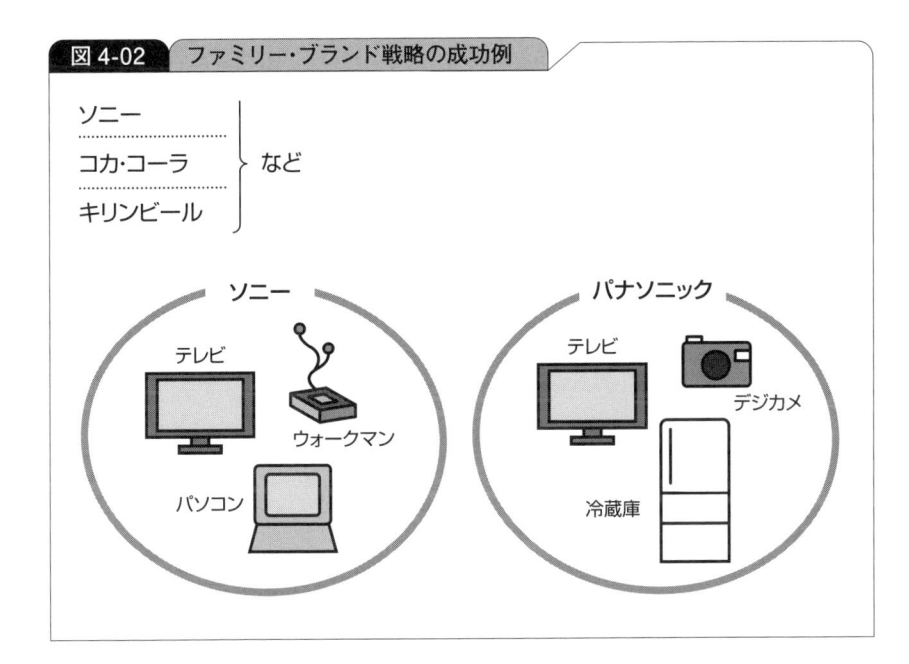

ソニー
コカ・コーラ　　など
キリンビール

【ソニー】
- テレビ
- ウォークマン
- パソコン

【パナソニック】
- テレビ
- デジカメ
- 冷蔵庫

PART 4　ブランドの採用戦略

section 2　ブランドの採用戦略

ダブル・ブランド戦略

　ダブル・ブランド戦略は、2つの意味で利用されます。第一は、ひとつの製品にファミリー・ブランドと個別ブランドの両ブランドをつけるケースです。第二は、製品にメーカーブランドと小売業ブランドの両方をつけるケースです。2つの違いを含め、ダブル・ブランド戦略について考察します。

(1) ダブル・ブランド戦略とは

　ダブル・ブランド戦略とは、ひとつの製品に二重にブランドを付ける戦略のことです。①製造業者がファミリー・ブランドと個別ブランドを重ねる場合、②製造業者がNBと流通業者（小売業が多い）のPBを重ねる場合、の2つのケースがあります。②のケースを特に"ダブルチョップ"といいます。小川孔輔氏は、"キリン一番搾り"のように、企業名＋個別ブランド＝二重商標（double mark）、企業名＋個別ブランド＋ファミリーネームや効能・機能などを示す仕様名など＝多重商標（multiple mark）と呼んでいます。企業が二重商標や多重商標を採用するのは、ブランドのアンブレラ効果を狙っているからです。"キリン一番搾り"の"キリン"部分を第一ブランド、"一番搾り"部分を第二ブランドと呼んでいます。

　ダブル・ブランド戦略は、企業が扱っている製品ラインの標的市場が同質的で、製品ライン間のイメージや競争地位が異質的な場合、統一的なブランドと個別のブランドを組み合わせてつけます。標的市場が同じなので、ブランド認知度を高めるために、共通のブランドを採用します。

同時に、個別の製品ラインの特徴を、もうひとつのブランドを追加して対応します。「アサヒスーパードライ」は、前半の"アサヒ"でアンブレラ効果を狙い、後半の"スーパードライ"で製品ラインの特徴を表記しています。

(2) ブランドのアンブレラ効果とてこの作用
①ブランドのアンブレラ効果
　ブランドのアンブレラ効果とは、ブランドが傘の効果を果たすことです。たとえば、ソニー○○○とつけば、ソニーというブランドが品質を保証する傘の役割を果たします。傘が大きく、強くなれば、ブランドのアンブレラ効果も大きくなります。
②ブランドのてこの作用
　ブランドのてこの作用とは、ヒット商品がブランド価値を押し上げる効果のことをいいます。ソニープレイステーションのヒットは、ソニーのブランド価値の向上に貢献しました。任天堂DSやWiiのヒットは、任天堂のブランド価値を大いに高めました。

(3) ダブル・ブランド戦略の特徴
　頻繁にモデルチェンジを行う改良型の製品は、消費者のブランド知名度を高めるために企業名を入れたり、製品の機能を連想させる言葉を付け加えたりします。ダブル・ブランド戦略は、ブランドとしての社名と個々のブランドが同じウエイトで情報伝達されます。ダブル・ブランド戦略は、個別ブランドとファミリー・ブランドの中間的な性格を有しており、両者の長所と短所を兼ね備えています。

(4) ダブル・ブランド戦略のメリット・デメリット
　ダブル・ブランド戦略のメリットをあげると、次のようになります。

①ターゲットが同じであれば、共通のブランドを採用し、認知度を上げられる
②マスターブランドの保証の下、個別ブランドの特徴をアピールできる

一方、ダブル・ブランド戦略のデメリットをあげると、次のようになります。
①ブランド体系が複雑になり、管理が難しくなる
②一貫性が保てなくなるおそれがある

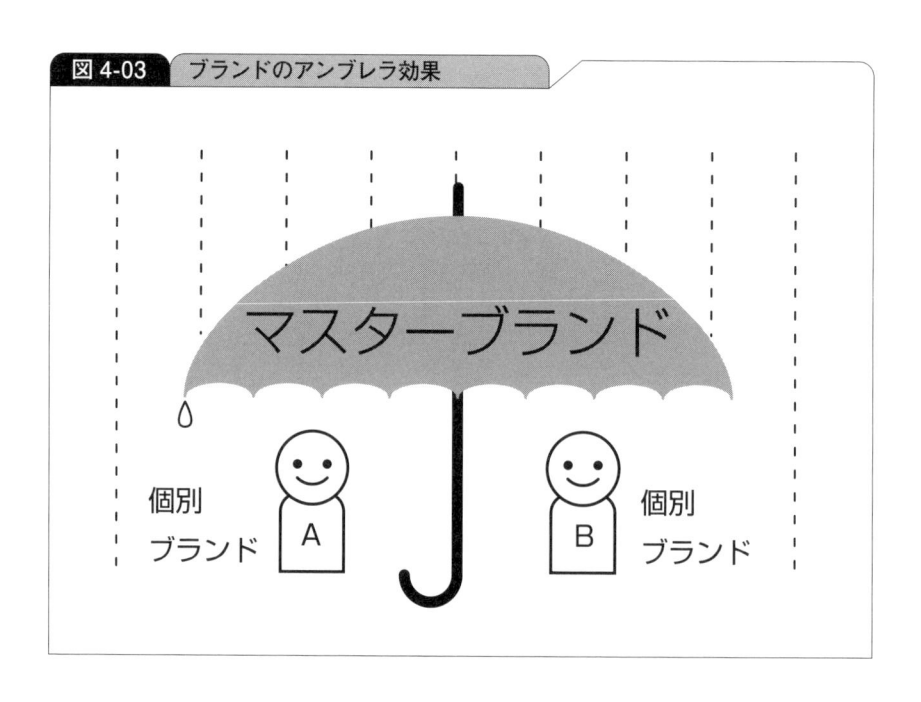

図4-03　ブランドのアンブレラ効果

マスターブランド

個別ブランド　A　　B　個別ブランド

図 4-04　ダブル・ブランド戦略の成功例

ファミリーブランド＝アサヒ

個別ブランド＝スーパードライ

PART 4　ブランドの採用戦略

section 3　ブランドの採用戦略

ブランド・プラス・グレード戦略

(1) ブランド・プラス・グレード戦略とは

　ブランド・プラス・グレード戦略とは、グレード（購買対象者）を変えることによって、標的市場の違いに対応しようとするブランド戦略のことです。企業が扱っている製品ラインの標的市場が異質的（グレードが異なる）で、製品ライン間のイメージや競争地位も同質的な場合、統一的なブランドにグレードを加えます。消費者が製品から感じ取るイメージは同質的なので、ブランドに何らかの共通部分を持たせます。同時に、標的市場の違いを明確にするために、グレードをつけて対応します。

　3シリーズ、5シリーズ、7シリーズなどのグレードをつけている高級スポーツ車のBMW、Aクラス、Cクラス、Eクラスでグレードを使い分けているベンツなど、自動車メーカーがブランド・プラス・グレード戦略を採用しているケースが多く見られます。

(2) ブランド・プラス・グレード戦略の特徴

　ブランド・プラス・グレード戦略は、ブランドのライン拡張戦略と捉えることができます。ライン拡張戦略とは、親ブランドと同一製品カテゴリー内で、新たなターゲットを狙って新製品（子ブランド）を投入することをいいます。ブランド拡張戦略の一種です。コトラーは、ライン拡張戦略を、"すでに成功したブランドを利用して、一定の製品やカテゴリー内で、同じブランドのもとに、新しい味、形、色、成分、パッケージの大きさなどの追加品目を導入することである"と述べています。

(3) ブランド・プラス・グレード戦略のメリット・デメリット

ブランド・プラス・グレード戦略には、次のようなメリットがあります。

①ブランド資産の強化につながる

消費者がブランドから受けるイメージが同質的なため、ブランド全体の強化につながります。

②ブランドの拡散を防ぐ

グレードごとにブランドを分ける個別ブランド戦略を採用するより、ブランドの拡散を防ぐことができます。

一方、ブランド・プラス・グレード戦略には、次のようなデメリットがあります。

①グレードの違いがわかりづらい

グレードの表示が何を意味しているのか、判断が難しい場合があります。

②消費者の認知に時間がかかる

消費者が、ブランド・プラス・グレード戦略の意味と内容を理解するのに時間を要します。

(4) ブランド・プラス・グレード戦略の留意点

ブランド・プラス・グレード戦略採用上の留意点をあげると、次のようになります。

①ブランドの共通項

ブランド・プラス・グレード戦略は、消費者が製品ラインから受けるイメージが同質的なため、ブランドに何らかの共通項が存在していることが必要です。

②差別化の訴求点

ブランド・プラス・グレード戦略は、グレードの違いをどこで付けるかがポイントになります。通常は、機能や性能などで差別化します。た

とえば、BMWの320と750では、機能の違いによって価格に3倍の開きがあります。

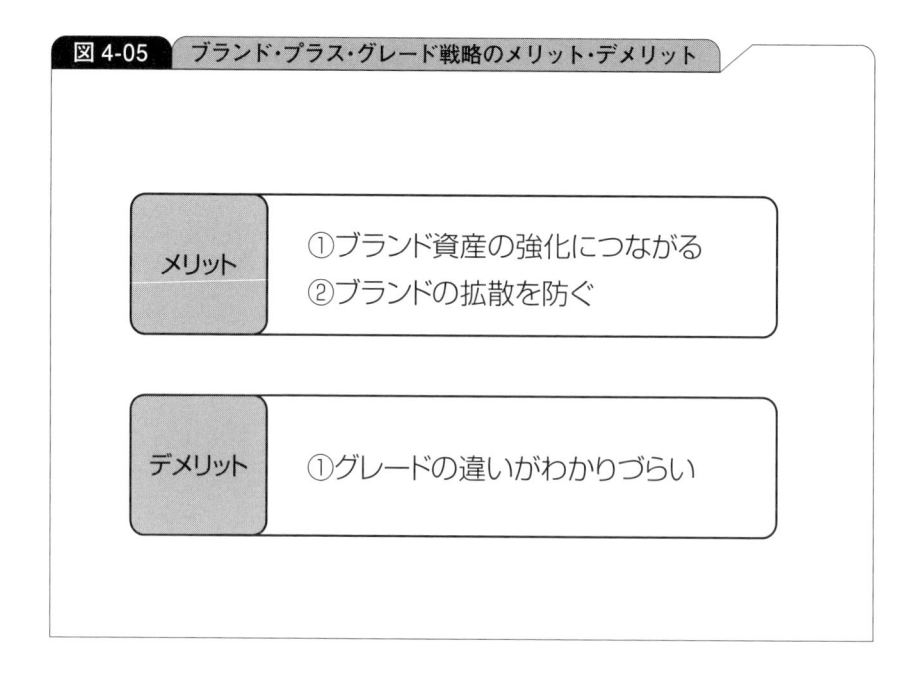

(5) ブランド・プラス・グレード戦略の成功例

　ブランド・プラス・グレード戦略を採用しているケースは、自動車メーカーばかりではありません。例えば、パソコンの心臓部分に当たるCPUのメーカーインテルは、ブランド・プラス・グレード戦略を採用して成功しています。Intelの"Celeron"は低価格パソコン向け、"Core 2 Extreme"は高性能パソコン向けです。"Core i3""Core i5""Core i7"などのグレード分類も、ブランド・プラス・グレード戦略の典型例です。

図 4-05　ブランド・プラス・グレード戦略のメリット・デメリット

メリット	①ブランド資産の強化につながる ②ブランドの拡散を防ぐ
デメリット	①グレードの違いがわかりづらい

図 4-06 ブランド・プラス・グレード戦略の成功例

BMW
・3シリーズ
・5シリーズ
・7シリーズ

タイプ	シリーズ	BMWロードカータイムライン　1980年以降			
		1980年代　0123456789	1990年代　0123456789	2000年代　012345678	9
セダン	3シリーズ	E21	E30	E36	E46	E90-E93
	5シリーズ	E12	E28	E34	E39	E60/E61	F10/F11
	7シリーズ	E23	E32	E38	E65-E68	F01/F02

出典:BMWホームページ

PART 4　ブランドの採用戦略

section 4　ブランドの採用戦略

個別ブランド戦略

(1) 個別ブランド戦略とは

　個別ブランド戦略とは、個々の製品ごとに個別のブランドを付けるブランド戦略です。個別ブランド戦略と似た概念に、マルチブランド戦略があります。マルチブランド戦略とは、コトラーによれば、"売り手が同じ製品カテゴリー内に2つ以上のブランドを展開する戦略"です。

　マルチブランド戦略は、同じ製品カテゴリーに新たにブランドを投入することにより、個別ブランドをマルチブランドないしはファミリー・ブランドへ拡張することです。これをブランド拡張と呼んでいます。マルチブランド戦略は、ときどき"規模の不経済"を発生させます。"規模の不経済"とは、同一カテゴリー内に多くのブランドを投入することによって、コストダウンではなく、かえってコストアップにつながってしまうことをいいます。

　個別ブランド戦略とは、企業が扱っている製品ラインの標的市場が異質的で、製品ライン間のイメージや競争地位も異質的な場合、製品ライン別に異なったブランドをつけることです。異なるブランドを採用することで、個々の製品ラインの特徴を訴求することができます。この場合、統一的なプロモーションは展開しません。たとえば、「マイルドセブン」や「セブンスター」などを販売しているJT社は、タバコ部門に個別ブランド戦略を採用しています。

(2) 個別ブランド戦略採用の目的

　企業は、なぜ個別ブランド戦略を採用するのでしょうか。個別ブラン

ド戦略採用の目的をあげると、次の3つになります。
① リスクの最小化
　ひとつのブランドで失敗しても、他の成功しているブランドがあれば、企業のリスクを最小化できます。会社の名声と個々の製品とが結びつかない場合に有効です。
② 製品ラインの違いを鮮明に
　個々の製品ライン特有の属性を、個別ブランドを使って訴求したほうが、消費者へのPRにつながるケースがあります。
③ 競合ブランドへのスイッチ防止
　同質的市場に複数のブランドを投入することによって、競合ブランドへのスイッチを防止できます。カニバリゼーション（企業内競合）より、競合企業対策に重点を置いた戦略です。

図 4-07　個別ブランド戦略とマルチブランド戦略

①個別ブランド戦略

　個々の製品ごとに個別のブランドを付ける

②マルチブランド戦略

　同じ製品カテゴリー内に
　2つ以上のブランドを展開

PART 4　ブランドの採用戦略

(3) 個別ブランドのメリット・デメリット

　個別ブランド戦略には、次のようなメリットがあります。

①リスク分散

　目的のところでも述べましたが、多数ブランドを展開すると、ブランド間のリスク分散により、安定性が確保されます。

②市場シェアの獲得

　同一カテゴリー内で複数のブランドを展開すれば、市場シェアの獲得が有利に展開できます。

　一方、個別ブランド戦略には、次のようなデメリットがあります。

①ブランド全体が複雑になり、管理が難しい

　個別ブランド間でシナジーが発揮できず、小型ブランドの集合体に陥り、非効率につながります。

②ブランド間の的確なポジショニングが難しい

　多数ブランドを展開すると、ブランド間のポジショニングが難しくなります。

③マーケティング資源の非効率

　マーケティング資源を分散投資することにより、生産・流通・物流のコストが増大し、競争力の低下を招くおそれがあります。

④企業イメージの向上に寄与しない

　個別ブランドの成功が、必ずしも企業全体のイメージ向上に寄与しないことがあります。

(4) 個別ブランド戦略の留意点

　個別ブランド戦略を成功させるためには、次の点に留意しなければなりません。

①ブランドアイデンティティの明確化

　個別ブランド戦略では、複数のブランドを管理しなければならず、個々

のブランドアイデンティティを明確にする必要があります。

②ブランドマネジャーの設置

　予算の権限と責任を持ったブランドマネジャーの存在が欠かせません。ブランドマネジャーは、機能別組織を横断的に活用し、研究開発・生産・販売部門などと密に連携をとる必要があります。

③厳しい審査

　新しいブランドを導入する際は、廃棄ブランドはないか、ポジショニングにダブリはないか、など厳しい審査を経なければなりません。

図 4-08	個別ブランド戦略のメリット・デメリット
メリット	①リスク分散 ②市場シェアの獲得
デメリット	①管理が難しい ②ポジショニングが難しい ③マーケティング資源の非効率 ④企業イメージの向上に寄与しない

section 5　ブランドの採用戦略

分割ファミリー・ブランド戦略

(1) 分割ファミリー・ブランド戦略とは

　分割ファミリー・ブランド戦略とは、製品ライン群を何らかの共通性に着目していくつかのカテゴリーに分け、それぞれのカテゴリーごとに共通のブランドをつけることです。分割ファミリー・ブランド戦略は、企業が扱っている製品ラインの標的市場と製品ライン間のイメージや競争地位の度合が「同質的・異質的」の中程度の場合、製品ライン群を何らかの共通性に応じていくつかに分類し、それぞれに異なったブランドをつけることです。

　分割ファミリー・ブランド戦略の事例でよくあげられるのが、旧松下電器産業（現パナソニック）です。旧松下電器産業は、オーディオ製品に「テクニクス」、乾電池製品などに「パナソニック」、家電製品に「ナショナル」ブランドをつけていました。

(2) 分割ファミリー・ブランド戦略の特徴

　分割ファミリー・ブランド戦略は、企業の所有する全商品を、いくつかのグループに分割してつけられるブランドです。同一コンセプトや同一ターゲットを狙う場合に有効です。分割ファミリー・ブランド戦略は、個別ブランド戦略とファミリー・ブランド戦略の中間的な性格を有するブランド戦略です。したがって、分割ファミリー・ブランド戦略は、個別ブランド戦略とファミリー・ブランド戦略の長所と短所を兼ね備えています。

(3) 分割ファミリー・ブランド戦略のメリット・デメリット

分割ファミリー・ブランド戦略には、次のようなメリットがあります。

①製品ラインの特徴の訴求

個々の製品ライン特有の属性を訴求し、マーケティング戦略を有利に展開できます。

②製品ライン間でリスクの分散

製品ラインごとに異なるブランドをつけるため、ある製品ラインのブランドが失敗しても、他のブランドへの影響は少なくて済みます。

一方、分割ファミリー・ブランド戦略には、次のようなデメリットがあります。

①信用力がひとつに統一されない

製品ラインごとにブランドが分散されるため、ブランドが拡散し、信用力の統一が難しい。

②消費者の認知が向上しない

製品ラインごとにブランドが異なるため、消費者が同一企業の製品と認識しないことがあります。

③マーケティング資源の分散

製品ラインごとにマーケティング資源が分散投資されるため、生産・販売・物流コストが増大し、競争力の低下につながることがあります。

(4) 分割ファミリー・ブランド戦略の留意点

分割ファミリー・ブランド戦略は、ブランド採用戦略のマトリックスの中間にあるため、4つの戦略の課題が集中していると考えられます。したがって、製品ラインをまとめる共通性をどこに求めるかがポイントになります。

(5) 分割ファミリー・ブランド戦略の成功例

　先述したように、分割ファミリー・ブランド戦略の成功例として、旧松下電器産業があげられます。リクルートが発行している雑誌類は、分割ファミリー・ブランド戦略が採用されています。

・仕事…アントレ
・クルマ…カーセンサーなど
・旅行…じゃらん
・資格・スクール…ケイコとマナブ　など

　一方、小売業でも分割ファミリー・ブランド戦略を採用しているケースは多数あります。小売業大手のイオングループは、小売業態別にブランドを使い分けています。

・GMS事業…ジャスコ
・SM事業…マックスバリュー

図4-09　分割ファミリー・ブランド戦略のメリット・デメリット

メリット
①製品ラインの特徴の訴求
②製品ライン間でリスク分散

デメリット
①信用力がひとつに統一されない
②消費者の認知が向上しない
③マーケティング資源の分散

・CVS事業…ミニストップ
・ドラッグ事業…ウエルシア
・ディベロッパー事業…イオンモール など

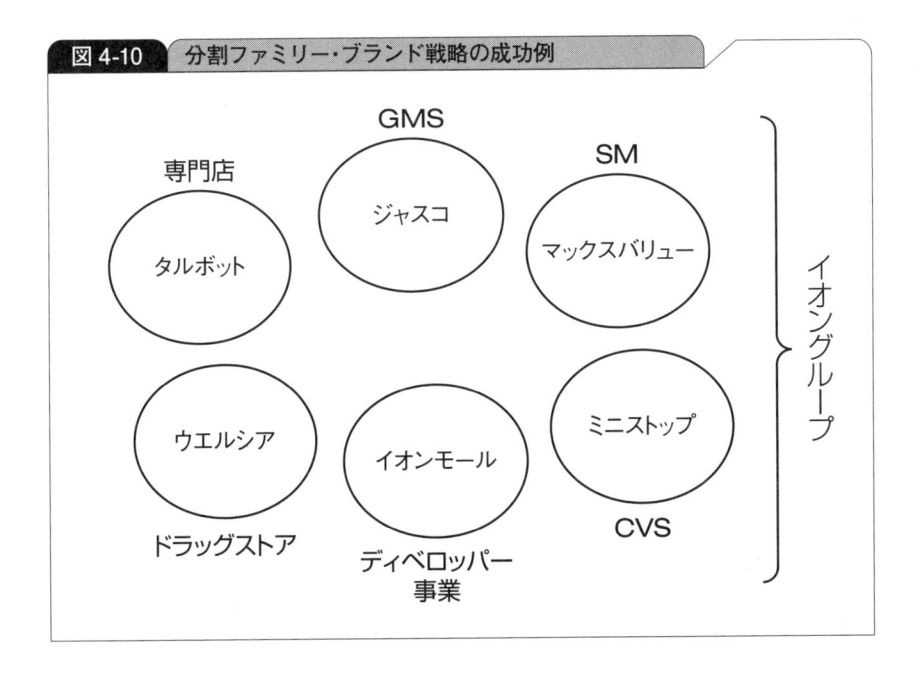

図4-10　分割ファミリー・ブランド戦略の成功例

```
                    GMS
    専門店                    SM
   ┌────┐      ┌────┐      ┌────────┐
   │タルボット│      │ジャスコ│      │マックスバリュー│    ┐
   └────┘      └────┘      └────────┘    │
                                            │ イオングループ
   ┌────┐      ┌────┐      ┌────┐      │
   │ウエルシア│    │イオンモール│    │ミニストップ│    ┘
   └────┘      └────┘      └────┘
   ドラッグストア  ディベロッパー       CVS
                  事業
```

section 1 　NBとPBの違い
section 2 　NBの特徴
section 3 　製品差別化とブランド戦略
section 4 　PBのメリット・デメリット
section 5 　PBの成功要因

・CVS事業…ミニストップ
・ドラッグ事業…ウエルシア
・ディベロッパー事業…イオンモール など

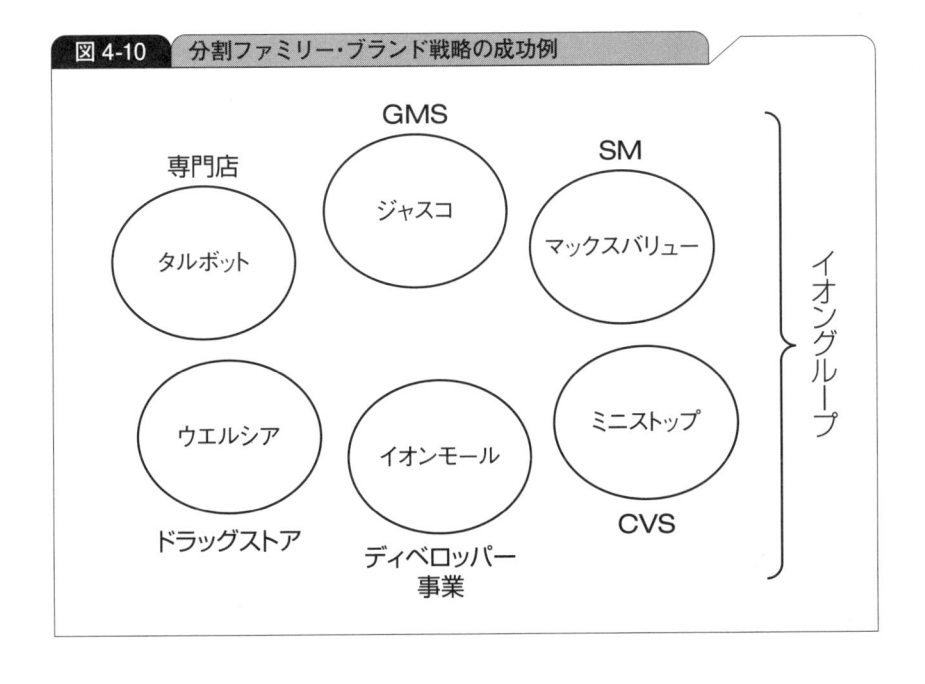

図 4-10　分割ファミリー・ブランド戦略の成功例

```
            GMS
  専門店              SM
 (タルボット)  (ジャスコ)  (マックスバリュー)  ┐
                                        │
                                        ├ イオングループ
 (ウエルシア) (イオンモール) (ミニストップ)  │
                                        ┘
 ドラッグストア ディベロッパー    CVS
              事業
```

section 1　NBとPBの違い
section 2　NBの特徴
section 3　製品差別化とブランド戦略
section 4　PBのメリット・デメリット
section 5　PBの成功要因

PART 5

小売業の
ブランド戦略

NBとPBの違い
NBの課題
PBのメリット・デメリットと課題
PB成功の要因

section 1　小売業のブランド戦略

NBとPBの違い

　これまでは、ブランドの基本戦略や採用戦略を中心に見てきました。本sectionでは、製品の最終責任者の区分によって分類したNB・PBの違いを、ブランド戦略との関連で考察します。

(1) マーチャンダイジング発想が重要
　マーチャンダイジングとは、流通業における商品の品揃え計画の総称です。マーチャンダイジングは、マーケティングの4Pのうち、製品戦略・価格戦略・プロモーション戦略の3つを網羅しています。マーチャンダイジングは、商品の品揃え計画が中心テーマになりますから、消費者起点で考えることが重要です。適正な商品を揃えるためには、ブランド戦略が大きく関わってきます。小売店が魅力的な商品を揃えれば、集客力が向上します。"魅力的な"と言葉でいうのは簡単ですが、実際はなかなか難しいものです。NB商品ばかりでは、店の独自性を発揮できません。かといって、PBの比率が増え過ぎると、SPA（アパレルの製造小売業）のような業態を除き、店の魅力が半減します。NBとPBの扱い比率をどうするのか、売場担当者にとっては悩ましい問題です。

(2) NBとは
①NBとは
　NB・PBは、製品の最終責任を誰が負っているかによって製品を分類したものです。NB（National Brand）とは、製造業者（メーカー）や生産者が製造し、保有・管理するメーカーブランドの総称です。メーカー

が独自に企画・製造し、自社ブランドをつけた製品をNBといいます。
②NBのコスト構造

　NBのコストは、製造コストと流通コストに分類できます。製造コストの主なものは、製造原価です。流通コストには、テレビCM、新聞・雑誌広告、卸売業者へのマージン、運送コスト、などが含まれます。加工食品の中には、製造コストが小売価格の20％以下の商品があります。粗利益率を30％と仮定すれば、流通コストが50％かかっていることになります。

(3) PBとは

　PBとは、製造業者や生産者ではなく、流通業者（小売業、卸売業）が開発し、保有・管理するブランドです。英語でPrivate Brandといいますが、欧米では"Private Label"と呼ぶことがあります。PBは、流通業者が仕様書を作成し、メーカーに発注、大量購入で低価格を実現します。PBは、全品買い取りが原則です。

　流通業者がPBを開発する目的は、次の3点に集約できます。
①品揃えの独自性
　自社の顧客に合ったPBを開発すれば、企業の独自性が発揮でき、競合他社との競争を有利に進められます。
②高利益率の確保
　流通業がメーカー機能（広告宣伝、展示陳列、販売促進など）を代行するため、NBより高い利益率を確保できます。
③バイイングパワーの発揮
　PBを大量に発注すれば、NBの仕入交渉において、流通業が有利に交渉を展開できます。

(4) NBとPBの選定

小売業の店頭で、NBを扱うのかPBを扱うのかを決定することは、重要な意思決定です。NB・PBのどちらを扱うかは、次の3つの商品選定要因を総合的に勘案して決定します。

①各ブランドの意義と効果

製品カテゴリーにおけるブランドの意義と効果を勘案し、NB・PBの扱い比率を決定します。一般に、ファッション性が高くライフサイクルが短い製品は、PBに向かないといわれています。

②販売の期待度

NB・PBどちらのブランドが多くの売上高を期待できるかで、扱い比率を決定します。

③利益の期待度

NB・PBどちらのブランドが多くの利益をもたらすかで、扱い比率を決定します。PBが開発されていないカテゴリーを除き、あるカテゴリーすべてをNBまたはPBで占める政策は採用しづらいものです。バランスよく売場を設計することが理想です。理由は、NB・PBの両方を扱うことにより、相互のシナジー効果を狙えるからです。

図 5-01　PBとは

"セブン プレミアム"
（セブン&アイグループ）

"トップバリュ"の主な商品
（イオングループ）

が独自に企画・製造し、自社ブランドをつけた製品をNBといいます。

②NBのコスト構造

　NBのコストは、製造コストと流通コストに分類できます。製造コストの主なものは、製造原価です。流通コストには、テレビCM、新聞・雑誌広告、卸売業者へのマージン、運送コスト、などが含まれます。加工食品の中には、製造コストが小売価格の20%以下の商品があります。粗利益率を30%と仮定すれば、流通コストが50%かかっていることになります。

(3) PBとは

　PBとは、製造業者や生産者ではなく、流通業者（小売業、卸売業）が開発し、保有・管理するブランドです。英語でPrivate Brandといいますが、欧米では"Private Label"と呼ぶことがあります。PBは、流通業者が仕様書を作成し、メーカーに発注、大量購入で低価格を実現します。PBは、全品買い取りが原則です。

　流通業者がPBを開発する目的は、次の3点に集約できます。

①品揃えの独自性

　自社の顧客に合ったPBを開発すれば、企業の独自性が発揮でき、競合他社との競争を有利に進められます。

②高利益率の確保

　流通業がメーカー機能（広告宣伝、展示陳列、販売促進など）を代行するため、NBより高い利益率を確保できます。

③バイイングパワーの発揮

　PBを大量に発注すれば、NBの仕入交渉において、流通業が有利に交渉を展開できます。

(4) NBとPBの選定

小売業の店頭で、NBを扱うのかPBを扱うのかを決定することは、重要な意思決定です。NB・PBのどちらを扱うかは、次の3つの商品選定要因を総合的に勘案して決定します。

①各ブランドの意義と効果

製品カテゴリーにおけるブランドの意義と効果を勘案し、NB・PBの扱い比率を決定します。一般に、ファッション性が高くライフサイクルが短い製品は、PBに向かないといわれています。

②販売の期待度

NB・PBどちらのブランドが多くの売上高を期待できるかで、扱い比率を決定します。

③利益の期待度

NB・PBどちらのブランドが多くの利益をもたらすかで、扱い比率を決定します。PBが開発されていないカテゴリーを除き、あるカテゴリーすべてをNBまたはPBで占める政策は採用しづらいものです。バランスよく売場を設計することが理想です。理由は、NB・PBの両方を扱うことにより、相互のシナジー効果を狙えるからです。

図 5-01　PBとは

"セブン プレミアム"
（セブン&アイグループ）

"トップバリュ"の主な商品
（イオングループ）

(5) NB vs. PB

　メーカーと流通業は、流通の最前線で丁々発止のせめぎ合いを行っています。詳細は、本シリーズ別冊『流通マーケティング』をご覧ください。メーカーと流通業との戦いは、チャネル論やパワーコンフリクト理論が関係してきます。

　メーカーは、自社の強力なブランド力で流通業を支配しようとします。一方流通業は、メーカーとの仕入交渉で有利な立場を確保しようとします。近年、大手流通業がチャネルリーダーとして、メーカーとの仕入交渉を有利に進めています。①小売業は消費者と直接接している、②小売業はPOSシステムを通じて、売場の詳細なデータを保有している、の2点が大きく影響しています。

　最近、小売業の店頭で、メーカーと小売業両者の名称の入った商品を見かけます。メーカーと小売業の両者の名称が入った商品を、"ダブルチョップ"といいます。ダブルチョップは、メーカーと小売業の共同開発商品です。メーカーと小売業が協業した"戦略的同盟"の産物です。ダブルチョップは、NBとPBの中間、いいとこ取り商品といえます。

図5-02　NBとPBの特徴比較

	NB	PB
所有者	製造業者	流通業者（小売業、卸売業）
製造コスト	高	やや低
知名度	高	低
販促コスト	高	低
価格	PBよりも割高	NBよりも割安
品質	高い品質を維持できる	消費者ニーズを反映できる
留意点	コスト削減の努力が必要	売れ残りのリスク

出典：『2010年版 クイックマスター マーケティング』木下安司編著、同友館

PART 5　小売業のブランド戦略

section 2　小売業のブランド戦略

NBの特徴

　NBは、メーカーが企画・開発し、さまざまな小売店で全国的に販売されている商品です。最近、品質表示期限の偽装や原材料の原産地表示偽装など、メーカーの信頼を揺るがす事件が多発しています。しかし、優良な製品を生み出すメーカーの信頼度は、いまだ健在です。

(1) NBの特徴
　PBと比較しながらNBの特徴を列挙すると、次のようになります。
①全国どこでも入手可能
　メーカーの構築したチャネル網を使って商品が配荷されるため、消費者は全国どこでも商品を購入することができます。一方、PBは流通業（通常はチェーン店）独自のブランドのため、NBと比べて扱い店が限定されます。
②広く消費者に認知
　NBは、メーカーがテレビCMや新聞・雑誌などで大々的に宣伝しますから、広く消費者に知られています。一方、PBの中にもイオンの"トップバリュ"やセブン＆アイ・ホールディングスの"セブンプレミアム"のように、テレビやチラシを使って大々的に宣伝するPBもあります。しかし、メーカーや大手流通業のようにテレビCMや新聞・雑誌広告を活用しないPBは、消費者の認知度は低くなります。
③安心して購入可能
　NBは、長年培ってきたメーカーの信用に裏づけられており、信頼できるメーカーが生産した商品なら、消費者は安心して購入できます。

『ヒットする！PB商品 企画・開発・販売のしくみ』藤野香織著（同文舘出版）によれば、メーカーの強みとして、次の5点をあげています。
・マーケティング力
・商品開発力
・地道な改良を何度も重ねて、商品をじっくり育て上げる力
・広告宣伝を駆使して、商品イメージを創り上げるブランディング力
・品質保証により安心感を与える力
④強力な販売力
　メーカーは強力な販売力を持っているため、PBに比べて値段が多少高くても、販売できるという特徴があります。

(2) NBのメリット・デメリット
①NBのメリット
a.消費者に広く認知されている
　特徴のところでも述べましたが、NBはPBに比べ消費者に広く認知されています。したがって、メーカーは販売活動を展開しやすいのです。
b.指名買いを期待できる
　NBの中には、この商品カテゴリーならこのブランドというブランド再生が働きやすい商品があります。たとえば、コンパクト洗剤なら"アタック"とか、ビールなら"スーパードライ"などです。迷ったときに、消費者の指名買いを期待できるのは、NBのメリットのひとつです。
c.集客に欠かせない
　先述した「消費者に広く認知されている」「指名買いを期待できる」とも関連しますが、NBは集客にとって欠かせない主力商品です。
②NBのデメリット
a.よく売れるが、利幅が薄い
　NBは、メーカーの知名度とブランド力を駆使して売れるのですが、

広告宣伝やチャネル管理等にコストがかかっているため、PBに比べ小売業のマージンは低くなります。
b.小売店で品揃え面の特徴を出せない
　競合店で同じNBを扱っていれば、品揃え面で特徴を出すことが難しくなります。品揃え面で特徴を出せないと、価格競争に陥ります。

(3) 小売店からみたNBの位置づけ

　NBは小売店にとって、プラス面とマイナス面の両方を併せ持っています。プラス面とは、NBは強力なブランド力で顧客を吸引する力を有していることです。一方、マイナス面とは、NBの力が強すぎると、小売店独自の価格政策や販促政策を打ち出しにくいことです。したがって、NBのみ陳列、あるいはPBのみ陳列という偏った売場ではなく、NBとPBを併売することによって、NB扱いのメリットとPB扱いのメリットの両方を享受する小売店が増えています。

(4) NBの課題

　NBの課題は、次の3点に集約できます。
①PBとの価格差の縮小
　PBに比べNBの方が製品面で優れていても、NBの価格がPBの2倍もすると、消費者はPBに手を伸ばしてしまいます。メーカーは、PBとNBとの価格差を20〜30%まで縮める努力が必要です。
②PBとの差別化
　NBとPBとの新たな差異化を打ち出すことです。かつて、パナソニック（旧松下電器産業）が、従来品より1.5倍長持ちする乾電池を売り出し、PB攻勢に待ったをかけたことがあります。
③新たな製品カテゴリーの構築
　PBとの価格競争、製品競争に巻き込まれない第3の方策は、新たな

製品カテゴリーを見つけて、そこに進出することです。新たな製品カテゴリーとは、まったく新規の製品カテゴリーです。しかし、まったく新規の製品カテゴリーは、なかなか見つかるものではありません。次善の策として、既存の製品カテゴリーの下位に位置する"サブカテゴリー"を見つけます。価格競争が起きない、新たなプレミアム製品カテゴリーを見つけて進出します。たとえば、ビールカテゴリーにおける"チルドビール"は、サブカテゴリーに当たります。

図 5-03　NBのメリット・デメリット

メリット
❶消費者に広く認知されている
❷指名買いを期待できる
❸集客に欠かせない

デメリット
❶利幅が薄い
❷品揃え面で特徴を出せない

section 3　小売業のブランド戦略
製品差別化とブランド戦略

　製品差別化戦略は、プロダクトライフサイクルの成長期から成熟期に採用されるマーケティング戦略の代表で、同種製品に対する需要は同質であることを前提にしています。製品差別化の訴求点、成功要因を確認しましょう。

(1) 製品差別化とは
　企業間の製品の機能にあまり差がない場合、価格競争は競争者相互に不利益をもたらします。いわゆる、安売り競争のジレンマに陥る危険性を孕んでいます。このような状況において、企業は製品差別化を行います。製品差別化とは、企業間の製品の機能にあまり差がない場合、自社製品を他社製品から区別させるために、品質、デザイン、イメージ、ブランド、包装、販売条件、付帯サービスなど、価格以外の面で特徴を付け加え、その特徴を買い手に強調することです。したがって、製品差別化は非価格競争の一手段といえます。

(2) 製品差別化の目的
　企業が製品差別化を導入する目的は、次の2点に集約できます。
①価格競争の回避
　企業は、価格競争を回避したい場合に製品差別化を行います。競合企業同士が似通ったコスト構造を持ち、同じようなマーケティング戦略を展開している場合、製品価格の引き下げは双方にとって不利益になります。価格競争を回避するために、製品差別化という非価格競争戦略を採

用します。

②参入障壁の構築

　新規企業の参入を阻止するために、製品差別化を行います。業界内の製品が品質、デザイン、イメージ、ブランド、付帯サービスなどで差別化されている場合、新規企業にとって大きな参入障壁になります。差別化された製品が、強力なブランドイメージを持ったブランドエクイティを確立している場合、新規参入は困難です。コカ・コーラは強力なブランドエクイティを持っており、他社のブランドから差別化されています。したがって、コカ・コーラの業界へ新規参入することは困難を極めます。

③プロダクトライフサイクル（PLC）と製品差別化

　プロダクトライフサイクル（PLC）とは、製品が市場に誕生してから、消えていくまでの"製品の一生"をいいます。PLCは、導入期、成長期、成熟期、衰退期、の4つに分けるのが一般的です。企業は、PLCにおける成長期の初めの時期には、性能や機能など製品の属性で差別化を図ります。しかし、成熟期に入ると、競合製品との性能面、機能面で同質化（コモディティ化）が進み、しだいに消費者が受け取るイメージ面の差別化を図るようになります。

④製品差別化の訴求点

　企業が製品差別化を図る場合、競合製品との差別化のポイントをどこに置くかが重要です。自社製品のどの部分に特徴を持たせて消費者に訴求していくのかが、製品差別化の成功のポイントです。製品差別化の訴求点は、次の3つに分類できます。

a.商品の物理的な差異…性能、機能、構造、素材、品質、デザインなど

　製品の用途が同じ場合、製品の性能や構造、デザインなどで差異を強調します。自動車や家電製品でよく利用される製品差別化の形態です。

b.イメージ的な差異…企業イメージ、ブランド、ネーミング、ラベル、包装・容器、広告など

広告など説得的な販促によって、消費者がその製品に対してブランド選好を持っている場合に有効です。消費者は、製品の品質や効能を判断する能力がないため、企業イメージや製品ブランドに頼って購入します。化粧品、洗剤、大衆薬で見られる製品差別化の形態です。

c.サービス的な差異…情報提供、アフターサービス、信用供与など

情報提供、アフターサービス、信用供与などの付帯サービスに違いがある場合に有効です。コンピュータ、自動車など、高価かつ使用技術や専門知識が必要な製品で強調されます。

(4) 製品差別化の効果

製品差別化には、次のような効果が期待できます。

①多様な競争

製品差別化が進むと、価格面での競争が起こりにくくなり、価格競争以外の多様な次元での競争が起こる可能性があります。

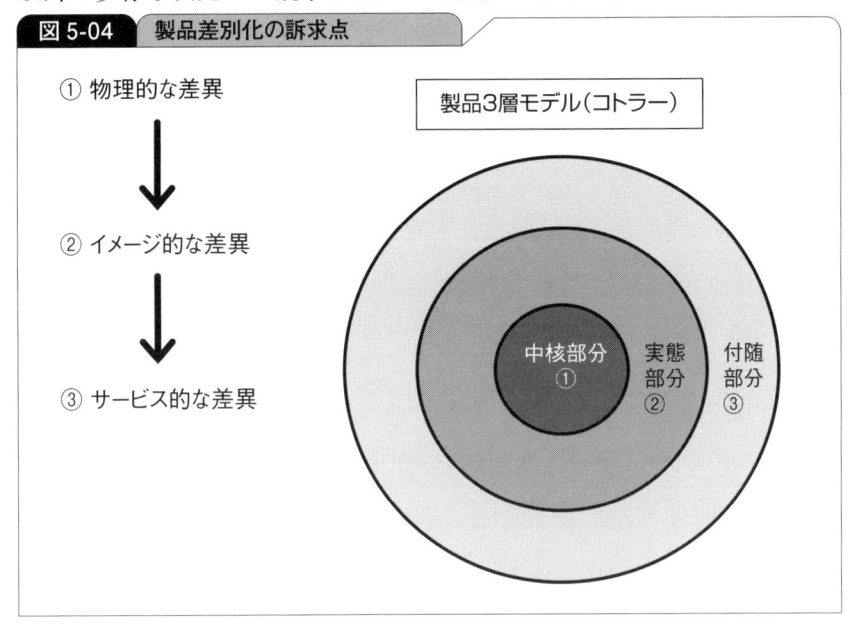

図5-04　製品差別化の訴求点

① 物理的な差異
↓
② イメージ的な差異
↓
③ サービス的な差異

製品3層モデル（コトラー）

中核部分 ①
実態部分 ②
付随部分 ③

②モデルチェンジが頻繁に発生

　広告や販売促進活動が活発に行われ、消費者の関心を引きつけようとするモデルチェンジが頻繁に起こります。モデルチェンジが製品の行き過ぎた陳腐化に陥らないよう留意することが重要です。

　製品の計画的陳腐化とは、既存製品の寿命を計画的に短縮することによって陳腐化させ、消費者の取替需要を喚起するマーケティング手法です。製品差別化が高度に進んだ段階で、物理的にはまだ十分に能力を持っている既存製品について、計画的に機能、デザイン、スタイルを変更し、既存製品を心理的に流行遅れにし旧型化することで、新たな需要を喚起する方法です。製品の計画的陳腐化には、次の2つがあります。
①機能的陳腐化…技術や機能、性能面における陳腐化
②心理的陳腐化…デザイン、スタイル面を変更する陳腐化

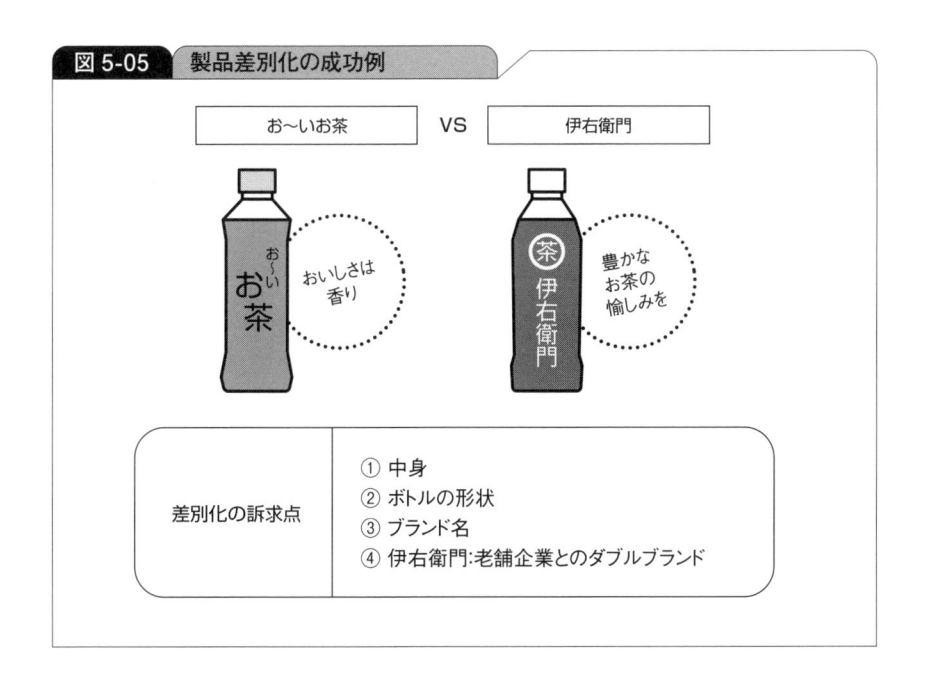

図 5-05　製品差別化の成功例

お～いお茶　VS　伊右衛門

お～いお茶：おいしさは香り
伊右衛門：豊かなお茶の愉しみを

差別化の訴求点	① 中身 ② ボトルの形状 ③ ブランド名 ④ 伊右衛門:老舗企業とのダブルブランド

section 4　小売業のブランド戦略

PBのメリット・デメリット

　不況の影響もあり、最近流通業界でPBが見直されています。第二のPBブームの到来といってもよいでしょう。本sectionでは、PBのメリット、デメリットを掘り下げます。

(1) PBのポジションニング
　1980年は、日本のPB発展史にとって、エポックメイキングな年になりました。「無印良品」が誕生し、ダイエーの「セービング」ブランドが市場に出たのです。以降30年間に、「無印良品」が西友から独立し、ダイエーの会社更生法の適用とともに、「セービング」ブランドは消滅しました。2006年の石油価格の暴騰、2008年のサブプライムローンに端を発する経済危機の発生により、大手流通業グループは一斉にPB比率の引き上げに走っています。NBと比較し、PBの利益率が高いことが大きな要因です。2009年4月23日の日本経済新聞朝刊1面トップで、"PB市場が2009年度で2兆円を上回るのは確実"と報じています。最近は、PBの2文字を新聞で見ない日はないくらい、PBが注目されています。近年、大手小売業と大手メーカーが同盟を結び、PBを開発するケースが増えています。大手メーカーが、小売業に対しPBの開発を提案するなど、一昔前とは様相が大きく変わってきました。

(2) PBのメリット
　PBを導入するメリットを、①消費者、②小売業、③メーカー、の視点で考えてみましょう。

①消費者のメリット

　PB導入により、消費者には次のようなメリットが生じます。
・同品質の製品をNBより安く購入できる
・PBとNBがあれば、両者を比べてから購入できる
・比較対象が増える

②小売業のメリット

　PB導入により、小売業には次のようなメリットが生じます。
・店の独自性を表現しやすい
・中間マージンのカットにより、仕入価格の引き下げが可能になり、粗利益率が向上する
・NBと同価格なら、性能・品質の高い商品を販売できる
・自由に売価設定できる
・商品の質、機能、ロットを自由にコントロールできる
・バイヤー、マーチャンダイザーの商品企画力・開発力が上がる

③メーカーのメリット

　PB導入により、メーカーには次のようなメリットが生じます。
・工場の稼働率が向上する
・売上高が安定する
・消費者の実態を把握できる
・NB売上の土壌を作ることができる

(3) PBのデメリット

　PB導入により、消費者、メーカー、小売業には次のようなデメリットが発生します。

①消費者のデメリット
・商品選択の幅が狭まる可能性がある

②メーカーのデメリット

- PBとNBの品質が同等なら、PBに売上を奪われることがある（カニバリゼーションの発生）
- ブランド力の弱い中小製造業への委託商品では、大手NBに劣ることがある

③小売業のデメリット
- 売れ残ったときの在庫リスクが発生する
- 値引き販売は、小売業のブランド・ロイヤルティの低下につながる

(4) PB の今後の課題

　流通チャネルにおける小売業の力が相対的に強くなったとはいえ、PBは小売業だけでは製造できません。メーカーや卸売業の力を結集した協力体制が必要です。戦略論では、他社との戦略的な協力関係のことを、戦略的同盟（戦略的提携）と呼んでおり、最近この戦略的同盟を結ぶ企業が増えています。戦略的同盟は、次の3つに分類されます。

①製販同盟
　製造業と小売業が戦略的提携を結ぶケースです。ウォルマートとP&Gが走りとなり、日本でも大手流通業とメーカーの間で進んでいます。

②販販同盟
　小売業同士が集まって、戦略的提携を結ぶケースです。関東私鉄系のスーパーマーケット8社が提携した、8社会が有名です。

③配販同盟
　卸売業と小売業が提携するケースです。大手食品系卸売業の国分や菱食がPBをつくり、中小小売店で販売するケースです。

　いずれのケースも、消費者の視点で商品企画を考え、潜在需要を掘り起こす開発力が必要です。消費者の声を尊重しながら、新しい商品を開発していくことが重要です。

図 5-06　PBのメリット・デメリット

	メリット	デメリット
消費者	①NBより安く購入 ②PBとNBを比べて購入 ③比較対象が増える	①商品選択の幅が狭まる可能性
メーカー	①工場稼働率アップ ②売上高の安定 ③消費者の実態の把握 ④NB売上の土壌を作る	①カニバリゼーションの発生 ②大手NBに劣ることがある
小売業	①店の独自性 ②粗利益率の向上 ③性能・品質の高い商品の販売 ④売価設定自由 ⑤品質・機能を自由にコントロール ⑥バイヤーの商品企画力が上がる	①在庫リスクの発生 ②値引きはブランドロイヤルティの低下

出典：『ヒットする! PB商品 企画・開発・販売のしくみ』藤野香織著　同文舘出版

図 5-07　戦略的同盟の形態

戦略的同盟
- ① 製販同盟 … 製造業と小売業
- ② 販販同盟 … 小売業同士
- ③ 配販同盟 … 卸売業と小売業

PART 5　小売業のブランド戦略

section 5　小売業のブランド戦略
PBの成功要因

　PBは、小売業の取組みだけで成功するものではありません。製配販一体となった取組みが必要です。本sectionでは、メーカーから小売業までが一体となったSCMについて掘り下げます。

(1) SCMの構築が前提
　SCM（サプライチェーンマネジメント）とは、原材料の調達から、生産・流通段階を経て最終消費者にいたるまでの活動を統合的に管理する手法です。SCMは、小売業やメーカーが個別に儲かる部分最適ではなく、サプライチェーン全体の最適化を目指す取り組みです。
　SCMは、メーカーと小売業が良好な関係を築かないと成功しません。ウォルマートとP&GのCPFR（Collaborative Planning ,Forecasting and Replenishment:協働計画・需要予測自動補充システム）は、SCMを進めるための取り組みのひとつです。SCMの一環としてPB開発があると考えれば、PB成功の条件にも共通項があることがわかります。

(2) SPA化で成功したアパレル企業
　SPAとは、Specialty Store Retailer of Private Label Apparelの略で、アパレルにおける製造小売業のことです。ユニクロは、SPA化したから成功したといわれています。着物の"やまと"も、SPA化で成功しました。"やまと"は、すべての着物を自社仕様で発注し、NBはひとつも品揃えしていません。すなわち、着物のSPA（製造小売業）を目指したのです。"やまと"の矢島社長は、次のような方針に基づきブラ

ンドを育成しています。
①発注と支払いの全責任を持つ
・ロスなく売り切ることで、利益を確保する
②適正な売場を作る責任がある
③海外からの輸入5%、国内95%とし、産地間の連携を緊密に取る

(3) PB成功の条件

PB成功の条件をあげると、次のようになります。

①商品企画力・開発力

NBの部分的な焼き直しでは、PBは成功しません。PB成功の第一条件として、商品企画力・開発力をあげなければなりません。

メガネトップの冨沢社長は、次のように述べています。"デザインがマンネリ化すると、おしゃれに敏感な若者や女性を取りきれないことがある。社内のデザイナーを増員し、幅広い顧客層の需要を掘り起こしていく必要がある。"PB開発にとって、商品企画力・開発力がいかに重要かを物語っています。

②調達能力

PB成功の条件に、バイヤーの調達能力は欠かせません。NBのバイイングとPBのバイイングとは、もちろん異なります。PBの場合は、バイイングというよりマーチャンダイジングに近くなります。小売業のバイヤーが産地まで出向き、原材料の調達まで遡って行わなければなりません。

③店頭での販売力

PBは、流通業主導で企画・開発した商品ですから、原則返品はできません。したがって、店頭で売り切る販売力が欠かせません。全品販売するためには、商品部ばかりでなく、販促部、店舗も含め、組織全体としての取組みが必須です。

④需要予測力

　バイヤーには、需要を予測する能力が欠かせません。過去のPOSデータから仮説・検証を繰り返し、販売予測の精度を上げていかなければなりません。新製品の場合、過去のPOSデータがありませんから、販売予測は難しくなります。

⑤価格競争力

　価格競争力もPB成功の重要な条件のひとつです。小売業がPBの価格競争力を高めるためには、次のような対策が必要です。

・商品の原材料や製造法などの仕様を見直す
・グループ内でのPB販売量を増やす
・新しい製造委託先を探す
・同業他社と提携を結び、販売量を増やす

⑥生活提案力

　生活提案力とは、消費者の新しいライフスタイルを提案することです。そのためには、常に市場をウォッチングして、流行を作り出す必要があります。情報収集に当たっては、日頃の地道な努力が欠かせません。情報収集のポイントは、次の3点です。

・展示会、ショールーム、競合他店に足を運び、五感を使って情報収集
・雑誌、書籍、新聞、インターネット、テレビ、ラジオなどのメディアを通して情報収集
・想像力、感性、トレンドを見極める力を磨いて情報収集の精度を高める

⑦調達先との長期的なパートナーシップ

　メーカーや工場と手を組んで、継続的にPBの製造販売を続けることは、単なる仕入先との関係以上の、より強いパートナーシップが必要です。強固なパートナーシップを築くには、パートナーであるメーカーや工場にも足を運び、担当者とのコミュニケーション作りが重要です。

図 5-08　PB成功の要因

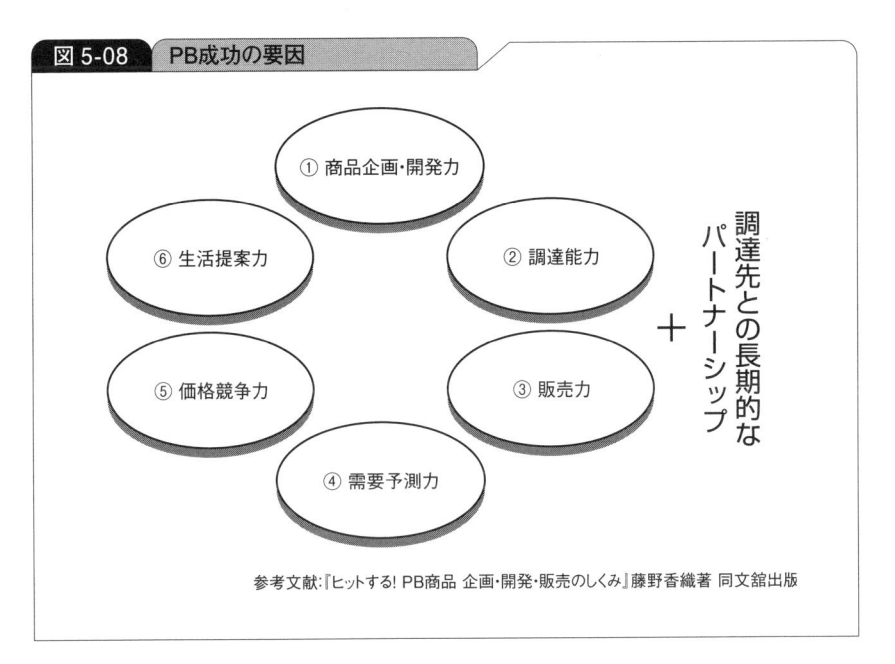

① 商品企画・開発力
② 調達能力
③ 販売力
④ 需要予測力
⑤ 価格競争力
⑥ 生活提案力

＋ 調達先との長期的なパートナーシップ

参考文献：『ヒットする! PB商品 企画・開発・販売のしくみ』藤野香織著 同文舘出版

図 5-09　SCMの概念図

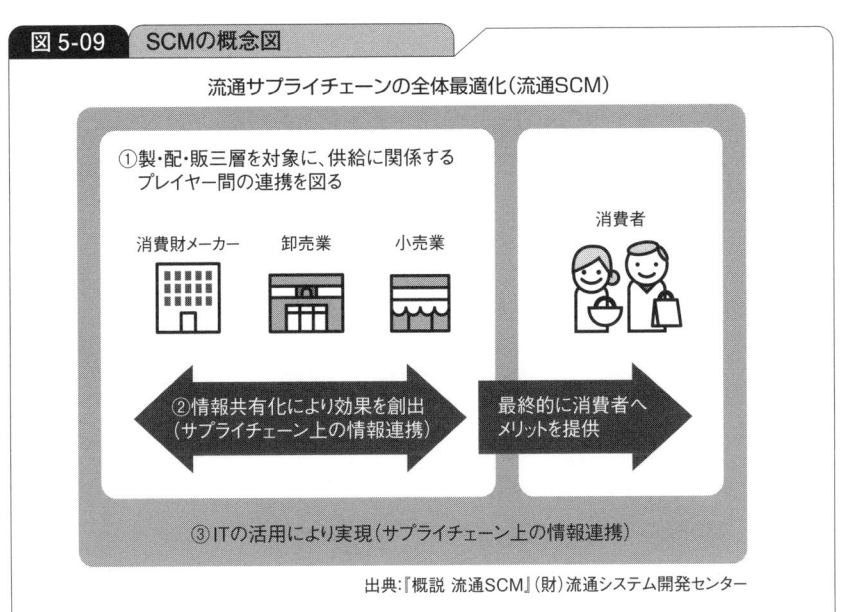

流通サプライチェーンの全体最適化（流通SCM）

①製・配・販三層を対象に、供給に関係するプレイヤー間の連携を図る

消費財メーカー　卸売業　小売業　消費者

②情報共有化により効果を創出（サプライチェーン上の情報連携）

最終的に消費者へメリットを提供

③ITの活用により実現（サプライチェーン上の情報連携）

出典：『概説 流通SCM』（財）流通システム開発センター

section 1　ブランドエクイティとは
section 2　ブランド価値の構成要素
section 3　ブランド価値の測定
section 4　ブランド価値を高める
section 5　ブランド価値の変遷

PART 6

ブランドエクイティとは

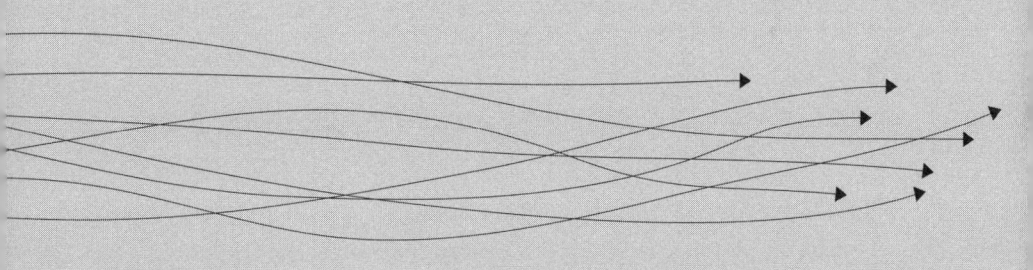

ブランドエクイティとは
ブランド価値の構成要素
ブランド価値を高めるには？
ブランド価値の変遷

section 1　ブランドエクイティとは

ブランドエクイティとは

　最近、マーケティングの分野で"ブランドエクイティ"という言葉が注目されています。ブランドそのものが売買の対象になり、ブランドを"資産"として評価する必要性が増してきました。本sectionでは、ブランドエクイティとは何か、ブランドエクイティの構築と活用法などを学びます。

(1) ブランドエクイティとは

　ブランドエクイティとは、ブランドが有する経済的価値の総称のことです。エクイティとは、元々会計学で用いられていた用語で"正味資産"、すなわち"資産から負債を引いた残り"を意味しています。D.A.アーカーは、"ブランドは、信頼感や知名度など無形資産の価値を持つ"、さらに、"ブランドエクイティとは、ブランド、その名前やシンボルと結びついたブランドの資産と負債の集合である"と定義しています。

　一方、ケビン・ケラーは、"ブランドエクイティは、消費者にとって意味のある差異の存在、資産の増大には欠かせないもの"と説明しています。会計学上、ブランドエクイティは、"営業権"や"のれん代"として計上されます。

(2) ブランドエクイティ論登場の背景

　1980年代のアメリカでは、企業のM&Aが活発化し、企業価値を算定するために、ブランドの評価が必要になってきました。ブランドは従来、ただの商品名や記号と考えられていました。しかし、企業間のM&Aの

活発化により、企業は自社の商品やサービスを競合他社より有利な条件で取引したいと考えるようになったのです。ブランドを、企業の無形資産として評価しようとする考え方の登場です。

一方、イギリスでは、1980年代のサッチャー政権時代、ブランドの資産価値が認められるようになりました。ブランド価値は、合併の際に会計上"のれん代"として計上されます。

(3) ブランドエクイティの構成要素

D.A.アーカーは、ブランドエクイティを5つの要素に分解しています。ブランドエクイティは、5つの要素の体系的・継続的な取り組みによって向上します。

①ブランドロイヤルティ

顧客がブランドに対して持つこだわり、忠誠心のことです。ブランドロイヤルティの高い商品は、消費者の再購買の確率が高くなります。ブランドロイヤルティの詳細は、Part7 section1で紹介します。

②ブランド認知

シャンプーなら○○、ビールなら◇◇、カップメンなら△△など、消費者が各商品カテゴリーに「こだわり」のブランドを持つことです。ブランド認知は、ブランドコミュニケーションの進化によって向上します。

③知覚品質

顧客が、購買目的に応じて感じている品質のことです。機能品質に対して使います。知覚品質が高い製品は、プレミアム価格(割り増し価格)を設定できます。

④ブランド連想

ブランドが提示されると、何らかの知識やイメージ、感情などが想起されることです。ブランド連想で想起される内容には、製品カテゴリー、原産国、有名人、タレント、競合企業などがあります。ブランド連想が

強化されると、企業は市場競争を有利に展開できます。ブランド連想の詳細は、Part7 section3で紹介します。
⑤他のブランド資産
　特許法、商標法などに関連して、パテント、トレード・マーク、チャネル関係などに関わる部分です。Part10 section1で詳しく紹介します。

(4) ブランドエクイティのメリット
　ブランドエクイティの構築により得られる効果を、企業サイドと消費者サイドに分けると、次のようになります。
①企業サイドのメリット
a.競争優位の確立
　ブランドエクイティの確立は、差別化戦略そのものです。ブランドエクイティを確立すれば、競合他社との競争を有利に戦うことができます。
b.非価格競争力
　ブランドエクイティの高い商品はプレミアム価格、すなわち、他社よりも高価格で販売できます。
c.高いマーケティングコミュニケーション効果
　ブランドエクイティの高い商品は、マーケティングプログラムを有利に展開でき、マーケティング戦略を効率的に展開できます。
d.ブランド拡張の容易さ
　ブランドエクイティが高い商品は、ブランド拡張（ブランドの横展開）が容易になります。
e.流通業者の協力と支持
　ブランドエクイティの高い商品は、小売業や卸売業からの協力と支持が得られやすくなります。
f.ライセンス供与のチャンス
　ブランドエクイティの高い商品は、ライセンス供与がしやすくなりま

す。海外ブランドではミッキーマウスやスヌーピーを、国内ブランドではキティちゃんなどは、ライセンス供与の多いブランドの代表です。

②消費者サイドのメリット

　企業ばかりでなく消費者も、ブランドエクイティの次のような効果を享受できます。

a.ブランドエクイティの高い商品は、ブランド名だけで、商品の品質を推測できます。ブランドエクイティは、消費者の買物コストの低減に貢献します。

b.ブランドエクイティの高い商品は、低い商品に比べて、安心して購入できます。

c.ブランドエクイティの高い商品を保有することは、自己満足につながり、他人に自慢できます。

(5) ブランドエクイティの構築

　企業は、日々のマーケティング活動の中で、継続的に時間とコストをかけてブランドエクイティを構築していきます。決して場当たり的な活動ではなく、計画的かつ体系的なマーケティング活動が必要です。そこで重要になってくるのが、ブランドマネジャーです。石井淳蔵氏は、ブランドマネジャーを"ブランドエクイティの構築と長期的維持に対して、責任と権限を持つ唯一の組織人"と説明しています。ブランドエクイティを構築するためには、長期的な取り組みが必要であり、ブランドマネジャーを置かずにブランドを育成することは難しいのです。

　"エクイティ(equity)"とは、資産を意味しています。D.A.アーカーは、1991年に"ブランドエクイティ論"を発表しました。ブランドエクイティとは、ブランドには土地や建物と同様の価値があり、ブランドは企業の資産の一部であるとする考え方です。D.A.アーカーは、ブランドエクイティ（ブランド資産）の構成要素として、①ブランド・ロイヤルティ、

図 6-01　ブランドエクイティの構成要素

- ブランドエクイティ
  - ブランドロイヤルティ
  - 他のブランド資産
  - ブランド認知
  - ブランド連想
  - 知覚品質

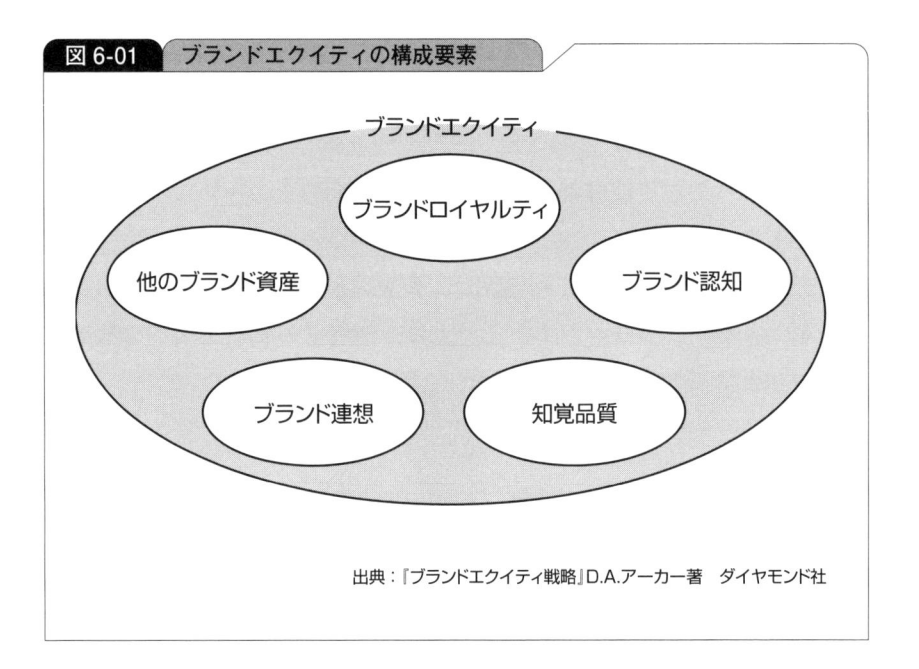

出典：『ブランドエクイティ戦略』D.A.アーカー著　ダイヤモンド社

図 6-02　ブランドエクイティの効果

企業側
① 競争優位の確立
② 非価格競争力
③ 高いマーケティングコミュニケーション効果
④ ブランド拡張の容易さ
⑤ 流通業者の協力と支持
⑥ ライセンス供与のチャンス

消費者側
① 買物コストの削減
② 安心して購入
③ 他人に自慢

②名前の認知、③知覚品質、④ブランドの連想、⑤他の所有権のあるブランド資産、の5つをあげています。

　ブランドエクイティは資産ですから、数値化して比較することができます。次の表は、"ブランド・ジャパン2009"の上位10位のブランドを、コンシューマー市場とビジネス市場に分けて比較したものです。コンシューマー市場でトップの任天堂は、ビジネス市場では5位、一方ビジネス市場でトップのトヨタ自動車はコンシューマー市場では29位と、消費者と企業の評価が大きく異なっていることがわかります。

図6-03　ブランド・ジャパン2009トップ10

コンシューマー市場（BtoC）編
（消費者による評価）

順位 今回 2009	順位 前回 2008	ブランド	総合力（偏差値）今回 2009	総合力（偏差値）前回 2008
1	1	Nintendo 任天堂	90.0	93.4
2	11	Google グーグル	88.9	78.5
3	4	SONY ソニー	88.5	83.2
4	2	STUDIO GHIBLI スタジオジブリ	88.1	84.3
5	10	Panasonic パナソニック	86.5	79.4
6	5	NINTENDO DS ニンテンドーDS	85.2	83.0
7	12	UNIQLO ユニクロ	82.7	77.2
8	8	SHARP シャープ	81.8	81.5
9	26	SUNTORY サントリー	81.5	74.0
10	17	Windows	81.0	76.2

ビジネス市場（BtoB）編
（ビジネスパーソンによる評価）

順位 今回 2009	順位 前回 2008	企業ブランド	総合力（偏差値）今回 2009	総合力（偏差値）前回 2008
1	1	TOYOTA トヨタ自動車	107.9	119.1
2	6	Panasonic パナソニック	99.3	84.3
3	2	HONDA 本田技研工業	90.8	98.2
4	3	SONY ソニー	90.3	95.1
5	4	Nintendo 任天堂	87.0	89.5
6	5	Google グーグル	83.3	85.2
7	10	SHARP シャープ	81.5	78.1
8	9	Microsoft マイクロソフト	80.7	78.4
9	7	Canon キヤノン	80.3	81.7
10	8	Apple アップル	76.9	78.8

出典：『ブランド・ジャパン2009』日経BPコンサルティング　ホームページ

section 2　ブランドエクイティとは
ブランド価値の構成要素

　ブランド価値とは何か、ブランド価値を高めるにはどうしたらよいのかを、企業側と顧客側の両面から考察します。

(1) ブランド価値とは
　ブランド価値とは、ブランドがあることによって付加的に生み出される企業収益のことをいいます。ブランド価値は、ブランドパワーの源泉になります。
　ブランド価値は、①顧客に対する価値と②企業に対する価値、の2つに分けて捉えることができます。
①顧客に対する価値…情報処理負荷の軽減、信頼感・安心感、使用時の満足感など
②企業に対する価値…マーケティング活動の効率性・有効性、ロイヤルティ、価格プレミアム、流通への影響力、競争優位など

(2) 企業から見たブランド価値
　企業から見たブランド価値を、メーカー（製造業者）にとっての価値と流通業者にとっての価値に分類して考察します。
①メーカーにとっての価値
　競争優位を獲得し、他社よりも多くのキャッシュフローを生み出します。
②流通業者にとっての価値
　商品の特徴を説明しなくても、消費者が商品の品質を認知し、選択す

る上での架け橋となります。

(3) 顧客から見たブランド価値

　顧客にとってのブランドの価値とは、多くの製品の中から、ある製品を区別し、認知し、品質を保証する機能です。片平秀貴氏は、顧客から見たブランドの価値を、銀行の預金口座に例えて説明しています。ブランドの価値とは、「顧客の頭の中にブランド名義の預金口座を開設する」ことです。消費者がブランドに感動し、満足を得たときに、預金口座に入金され、ブランド価値は向上します。一方、消費者がブランドに不満をいだき、失望したとき、口座から預金が引き出され、ブランド価値は低下します。

　ブランド価値の向上とは、多くの顧客の預金口座の残高を増やすことに他なりません。企業は、各種のマーケティング活動を通じて、顧客の預金口座の残高を増やすことに注力しなければなりません。多くの顧客の預金口座の残高が増えれば、結果として強いブランドができ上がるのです。

(4) ブランド価値の構成要素①"基本価値"

　ブランドの価値を決める要素は、商品の品質や機能に着目した①基本価値と、情報や感覚的によいと思う②便宜価値、の2つに分けられます。ブランドの基本価値とは、製品の基本的な品質のことをいいます。製品の基本的な品質とは、時計なら正確な時を刻む、飲食料品なら食べて・飲んで安全なこと、自動車なら安全に走ることです。電動ドリルは、穴を開けるのに役立つという基本価値があるから消費者に購入されるのです。しかし、差別化の要因が基本価値だけで終わってしまうと、製品はコモディティ化に陥ります。

(5) ブランド価値の構成要素②"便宜価値"

　ブランドの便宜価値とは、消費者が製品を便利に容易に気分よく購入し、使用できる価値のことです。

　購入しやすい価格、入手の容易性、使い勝手がよい、持ち運びが簡単、などが挙げられます。ブランドの便宜価値は、製品のカテゴリーによって異なります。日常的に購買する飲食料品は、自宅や勤務先の近くで入手でき、安い方がよいと評価されます。自販機で缶飲料が多く売れるのは、自販機が身近にあり、すぐに缶飲料を買えることが決め手になっているのです。

　使いやすさ、購入時の持ち運びやすさも便宜価値に含まれます。コンパクト洗剤は、使いやすさと購入時の持ち運びやすさの両面で、消費者の便宜価値を高めています。

(6) 感覚価値と観念価値

　ブランド価値は、さらに①感覚価値と②観念価値、の2つに分けて捉えることができます。

①感覚価値

　感覚価値とは五感で感じる価値のことで、「非言語的」価値のことです。「形がきれいだ」とか「応対が親切だ」は、根拠になる部分が言葉に置き換えにくく、説明しづらい価値です。人間の意思決定は、「好きか嫌いか」や「美しいか醜いか」などの感覚的な感情でなされる場合が意外に多いものです。

　感覚価値の例として、東ハトが再起をかけて2003年に売り出したスナック菓子「暴君ハバネロ」があります。商品名は、材料のトウガラシ"ハバネロ"と、ローマ帝国第5代皇帝で暴君として悪名高い"ネロ"(暴君ネロ)を組み合わせています。商品名のキャラクターが消費者の感覚価値を大いに刺激し、大ヒットにつながりました。

②観念価値

　観念価値とは、消費者が商品やブランドに抱く、物語性や歴史性などの観念的な価値のことです。観念価値は、個々人の価値観や生活環境、商品やブランドの使用経験などによって異なってきます。同じ商品でも、消費者によって異なった見解を持ちます。

　ブランド価値を支えるのは、商品の品質などの基本価値だけではなく、観念価値も含まれているのです。最近は、商品が基本価値を持っているのは当たり前で、観念価値の重要性が増しています。したがって、ブランド価値の向上には、観念価値を高めていくことが重要になっているのです。

　観念価値の例として、ジーンズのリーバイスをあげることができます。みなさんは"リーバイス"と聞いて、何を連想しますか。私は、アメリカ、西部劇、カウボーイ、ゴールドラッシュなどを連想します。リーバイスは150年の歴史の中で、ジーンズのストーリーを作り上げることに成功しました。

　観念価値の高いブランドは、観念価値の低いブランドに比べ、消費者のブランド連想に有利に働きます。

(7) 顧客受取価値

　最近、マーケティングの世界では、顧客の"価値"を高めることの重要性が力説されています。顧客の"価値"とは何でしょうか。フィリップ・コトラーは、マーケティングにおける顧客価値の重要性に触れ、次の公式を示しています。

　顧客受取価値①＝総顧客価値②－総顧客コスト③

　上の公式は、顧客受取価値①を高めていくためには、総顧客価値②を高めることも重要ですが、総顧客コスト③をいかに低く抑えるかが重要なことを示しています。

②総顧客価値
- 製品価値…製品が顧客にもたらす価値
- サービス価値…ホームページの使いやすさ、電話対応、接客までの一連の顧客対応など
- 従業員価値…コールセンター、営業担当者、すべての社員など
- 企業や商品のイメージ価値…企業や商品の印象やブランド・イメージなど

③総顧客コスト
- 金銭的コスト…商品を購入するために支払った金額
- 時間コスト…購入するのに費やした時間
- エネルギーコスト…電気の消費量やガソリンの燃費など
- 心理的コスト…商品やサービスを手に入れる際の心理的な手間や負担の有無など

図 6-04　ブランド価値とは

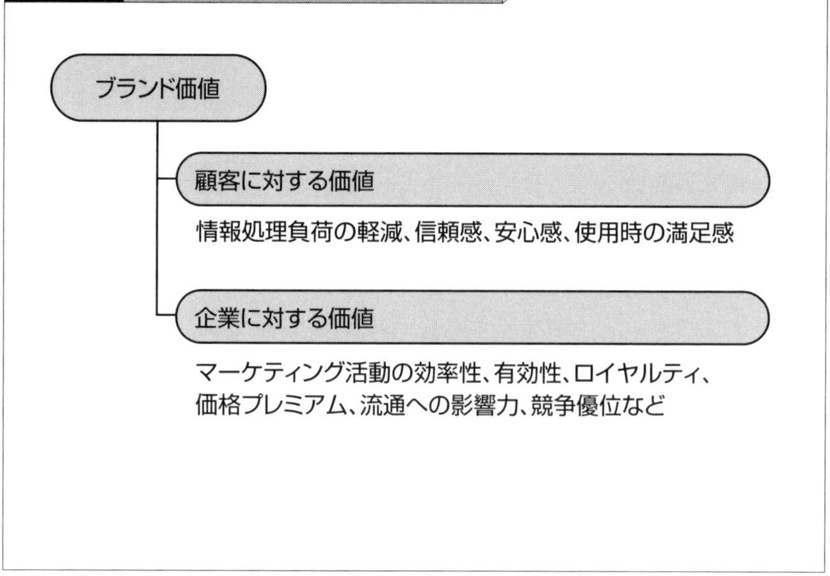

ブランド価値
- 顧客に対する価値
  情報処理負荷の軽減、信頼感、安心感、使用時の満足感
- 企業に対する価値
  マーケティング活動の効率性、有効性、ロイヤルティ、価格プレミアム、流通への影響力、競争優位など

図 6-05　顧客受取価値の公式

顧客受取価値　＝　総顧客価値　−　総顧客コスト

顧客受取価値を高めるには……

総顧客価値を高める

総顧客コストを抑える

section 3　ブランドエクイティとは
ブランド価値の測定

　ブランドは、企業と消費者がコミュニケーションを図る手段のひとつです。したがって、ブランド価値を高めることは、企業にも消費者にも好ましいことなのです。しかし、目に見えない"ブランド価値"を測定することは難しいことです。本sectionでは、ブランド価値の測定の具体的な方法について研究しましょう。

(1) 測定対象

　ブランド価値の測定とは、ブランドエクイティの源泉そのものの測定に他なりません。すなわち、ブランドエクイティがどのように構築され、現在の価値につながっているのかを解明することです。

　ブランド価値の測定の対象を分類すると、次の3つのレベルに層別できます。

①個別ブランド

　個々の製品についているブランドについて、ブランド価値を測定します。個別ブランドの積み上げとして、企業のブランド価値を測定できます。

②ブランド・ポートフォリオ

　個別ブランドではなく、企業のブランドの組み合わせにスポットを当てます。ソニー、パナソニックなど、集合としてのブランド価値を測定します。

③コーポレートブランド

　コーポレートブランドとは、集合体としての企業全体のブランドを指

します。企業の無形資産全体として、企業のブランド価値を測定します。

(2) 測定方法

ブランド価値の測定は、①質的測定と②量的測定の2つに分けることができます。

①質的測定…自由連想法、投影法、ザルトマン・メタファー法

a.自由連想法…消費者にブランドについて尋ね、連想されるものを自由に回答させる調査方法です。自社のイメージを詳細に捉えることはできますが、ブランド・マネジメントの課題まで把握することは難しいという欠点があります。

b.投影法…消費者が直接表現できないような潜在意識を探るための調査方法をいいます。描画法、文章完成法、バルーン法、連想法、コラージュ法などがあります。「ダンヒルを使っている人は、どんな男性だと思いますか」と三人称で質問するのが特徴です。

c.ザルトマン・メタファー法…消費者にブランドのイメージを示す絵や写真を選ばせることにより、消費者の意識下にあるブランドの意味のつながりを分析する調査方法です。メタファーとは、比喩・アナロジー・たとえのことです。

②量的測定…ブランド認知測定（ブランド再生、ブランド再認）、イメージ測定

ブランドを会計的に評価する方法には、①コストアプローチ、②マーケットアプローチ、③インカムアプローチ、の3つの手法があります。

a.コストアプローチ

ブランドを取得するのに必要な原価を価値とみなします。累積支出額で計算する方法と、取替原価（再調達原価）で計算する方法の2つがあります。使ったコスト以上のブランド価値が生まれていればよいのですが、ブランド価値がコストを下回っていれば、そのブランドは消えてい

きます。

b. マーケットアプローチ

　市場の実勢価格に基づいてブランドを評価する方法です。マーケットアプローチは、実際の取引価格に基づいているため、3つの方法の中では最も理想的なアプローチ方法です。しかし、実勢価格のデータの入手が難しいという欠点があります。

c. インカムアプローチ

　キャッシュフロー・アプローチともいいます。ブランドがもたらす将来のキャッシュフローや収益を基に評価する方法です。インカムアプローチは、3つの方法の中で最も理論的ですが、客観性に難があるのが欠点です。

(3) 社内のブランド価値評価

　ブランドエクイティとブランド力とは異なります。社内でブランド価値を評価するために、ブランドに関するSWOT分析を行います。

　さらに、競合ブランドの特定化と現在のポジショニングを確認します。

(4) ブランドエクイティ分析の例

　マーケティング調査会社のインテージは、ブランドエクイティを"ブランド名によって消費者が感じるプラスの価値からマイナスの価値を引き算したもの、すなわち価値の増加分"と定義し、ブランドエクイティを次の5つの項目に分け、分析しています。ブランドのプラスの価値、マイナスの価値の例として、陶器メーカーが食器に参入するケースをあげて説明しています。陶器で培ったブランドエクイティが、食器に進出しようとすると、マイナスに作用するというものです。

①ブランド受容性…ユーザーでない消費者を取り込むブランド力（アタック戦略の指針）

②ブランドロイヤルティ…現ユーザーがそのブランドを使い続ける見通し（ディフェンド戦略の指針）
③価格価値…そのブランドの価格に消費者が喜んで支払う度合（価格維持力を表し、今後の価格決定の指針）
④ブランド・イメージ…ブランドのパーソナリティを表現する（今後のイメージ構築の指針）
⑤メーカーの信頼度…メーカーの力がブランドエクイティを支えている度合（上の価格維持力の一要因）

(5) 世界ブランドランキング

　アメリカのブランドコンサルティング会社"インターブランド"が、2009年の"世界企業のブランド価値評価トップ100"を発表しました。現在、ブランド価値が世界で最も高い会社はコカ・コーラで、金額換算で68,734百万ドルです。世界同時不況の影響もあり、対前年の伸び率は3％と低い水準に留まっています。100社全体のブランド価値は、前年比4.6％の減少となり、金融系と自動車関連が苦戦した一方、内食志向の増加による食品会社、インターネット関連の好調さが目立ちます。

　日本企業では、第8位のトヨタを筆頭に、ホンダ、ソニー、キヤノン、任天堂、パナソニック、レクサスの7ブランドが、100位以内にランクインしています。

　同調査は、①財務力（将来ブランドがどう伸びていくのか）、②ブランドの役割（収益のうち、どれだけブランド効果が貢献しているのか）、③ブランド力（歴史の長さ、参入障壁の高さなどブランドがどの程度将来のリスクに耐えられるのか）の3点を、アナリストのリポートなどをもとに分析し、ブランド価値を金額で評価しています。

　インターブランドのブランド競争力の評価は、次の7項目から構成さ

れています。( ) 内は、全体を100%とした構成比
①リーダーシップ（25%）…市場をリードするブランドは、順位が低いブランドより貴重な財産である
②安定性（15%）…長く定着し、市場の「枠組」の一部となっているブランドは、特に貴重である

図 6-06　世界ブランドランキング

世界ベストブランド上位10社・2009年度

順位	前年順位	社名	ブランド価値（単位：百万ドル）	ブランド価値の伸び率（対前年）
1	1	Coca-Cola	68,734	3%
2	2	IBM	60,211	2%
3	3	Microsoft	56,647	−4%
4	4	GE	47,777	−10%
5	5	Nokia	34,864	−3%
6	8	McDonald's	32,275	4%
7	10	Google	31,980	25%
8	6	トヨタ	31,330	−8%
9	7	Intel	30,636	−2%
10	9	Disney	28,447	−3%

出典：「インターブランド」ホームページ

③市場(10%)…技術や流行の変化により、影響されやすい市場におけるブランドは価値がある
④地理的広がり(25%)…国際的なブランドは、一部にはその規模の経済性ゆえに、国や地域のブランドより価値がある
⑤トレンド(10%)…消費者との結びつきを持ち続けるために前進する方向性と能力である
⑥サポート(10%)…一貫した投資や、集中的なサポートを受けてきたブランドは価値がある
⑦保護(5%)…ブランドの保護の強さの範囲は、その真価の評価において重要である

図6-07　ブランド価値の測定方法

ブランド競争力の内訳

①リーダーシップ	(25%)
②安定性	(15%)
③市場	(10%)
④地理的広がり	(25%)
⑤トレンド	(10%)
⑥サポート	(10%)
⑦保護	(5%)
	(100%)

出典:「インターブランド」ホームページ

section 4　ブランドエクイティとは
ブランド価値を高める

　ブランド価値を高める方法には、各種あります。ブランドを数値化する方法、イメージを明確化することなどです。本sectionでは、ブランド価値の向上について、事例を交えて考察します。

(1) 数値化
　ブランド価値を高める方法として、section3でブランドを金額で捉える重要性について考察しました。Part1 section5で解説したように、ブランド戦略がマーケティング戦略の上位に位置づけられると、すべてのマーケティング活動が、ブランド価値の向上に向かうとも考えられます。したがって、マーケティング活動にどの程度の費用・コストをかけているかを把握しておくことが重要です。日用雑貨メーカーは売上高の15％程度、化粧品メーカーは売上高の3分の1がマーケティング費用であるといわれています。

(2) イメージの明確化
　ブランド価値を向上するためには、ブランドのイメージを明確に示す必要があります。前述したように、ブランド価値はすべての企業においてプラスに作用するとは限りません。陶器メーカーが食器に参入するケース、石鹸メーカーが食用油に参入するケースなどのように、ブランド連想によって、従来から構築されてきたブランドエクイティから生じる価値が減少することもあります。

(3) 市場細分化

　ブランド価値を高めるためには、ブランドと消費者の関係を分析する必要があります。これには、市場細分化の手法を援用します。たとえば、ビールで考えてみましょう。ビールを飲む、飲まない人を、次の4つに層別します。訴求すべき層が決まると、コミュニケーションの目的、内容・指針は比較的容易に決まります。ブランド価値の構築には時間が必要なため、長期的な期間でブランド価値を考えるブランドマネジャーの存在が必要になってくるのです。

①嫌いな人
②好きでも嫌いでもない人
③ときどき飲む人
④大好きな人

　次に、層別した4つの層に対して、ブランド価値を高める具体策を考察します。

①嫌いな人→素材の確かさ、安全・伝統などの訴求
②好きでも嫌いでもない人→購入のきっかけづくり
③ときどき飲む人→使用シーンの訴求
④大好きな人→ブランド哲学・思想の訴求

(4) ソニーチョコレート事件

　現"Sony"が、社名を東京通信工業からソニーに変更して間もなく、"ソニーチョコレート事件"が起きました。事件の発端は、ハナフジという菓子メーカーが、社名をソニー・フーズに替え、"ソニーチョコレート"の名称でチョコレートを販売し始めたことです。ソニー・フーズは、"ソニー坊や"とそっくりの"ゴルフ坊や"をキャラクターとして作りました。

　事情を知らない一般消費者は、「ソニーが菓子業界に参入した」「ソニーが発売した菓子だから、品質・味ともによいものに違いない」と思い、

皆が買いに走りました。ソニーは、商標違反で相手企業を訴え、5年の歳月を経て、両社は和解したのです。経済学では、ソニー・フーズのような行為を"ただ乗り（free ride）"といいます。当時社長の盛田昭夫氏は"ただ乗り"は許さないと、必死の形相でこの事件に取り組み、ブランド価値を守ったのです。今日の"ソニー"ブランドがあるのは、このような事件を乗り越え、全社でブランド価値の構築に取り組んできたからです。

（5） プロとしての危害でブランド価値を高める

　浅野屋は、1933年（昭和8年）に東京都千代田区麹町で創業した老舗のパン屋です。昭和15年に、当時では珍しい軽井沢に夏季出張店を出店し、現在都内と軽井沢に合計6店舗を展開しています。3代目の浅野真紀社長は、1998年商社勤務を辞め、家業を継ぐと同時に、不採算店

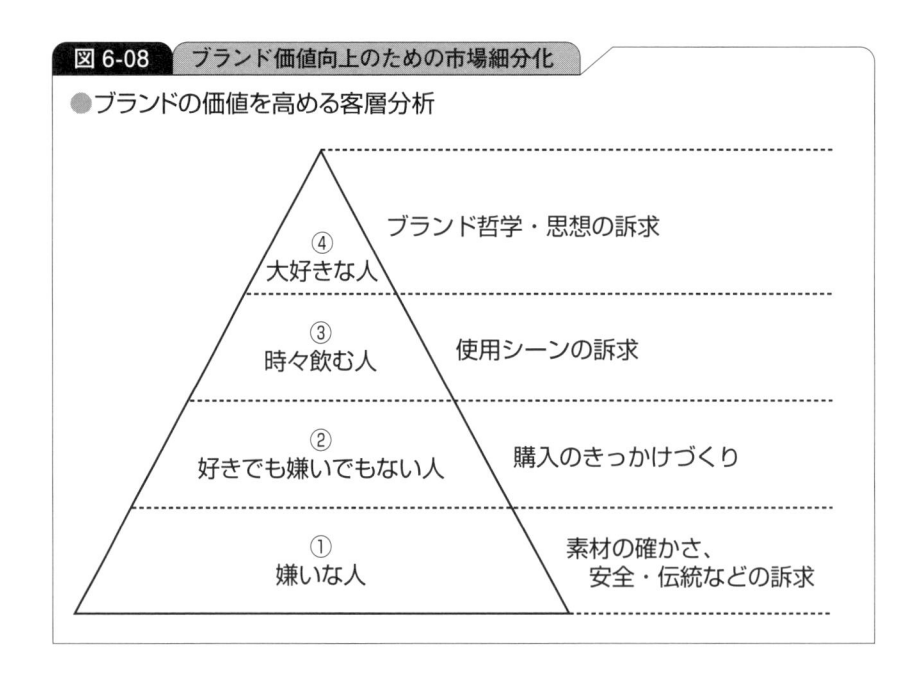

図 6-08　ブランド価値向上のための市場細分化

●ブランドの価値を高める客層分析

- ④ 大好きな人 ／ ブランド哲学・思想の訴求
- ③ 時々飲む人 ／ 使用シーンの訴求
- ② 好きでも嫌いでもない人 ／ 購入のきっかけづくり
- ① 嫌いな人 ／ 素材の確かさ、安全・伝統などの訴求

舗の閉鎖、グラム単位の値付け販売の"量り売り"の導入など、経営改革を次々と実行しました。

浅野社長は、「プロとして常においしい食べ方を追求し、情報発信することが、ブランド価値の向上に欠かせない」と述べています。ブルーベリーや抹茶などの「軽井沢シリーズ」を東京で売り出すなど、アイディアマンぶりを発揮しています。"パンの専門家プラス消費者への提案"という「情報発信」により、浅野屋のブランド価値は間違いなく向上しています。東京ミッドタウンへの出店も果たしました。浅野社長は、"その分野の「担い手」としての気概を忘れない"をモットーに、"浅野屋"ブランドの向上に注力しています。

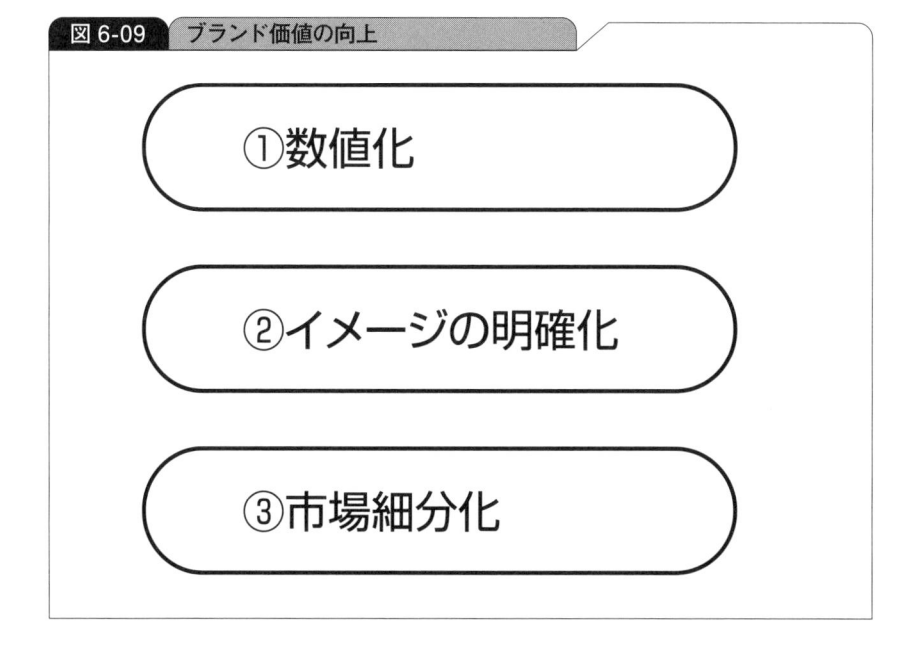

図 6-09　ブランド価値の向上

①数値化

②イメージの明確化

③市場細分化

section 5　ブランドエクイティとは
ブランド価値の変遷

　本sectionでは、ブランド価値の変遷について研究します。1980年代後半のM&A全盛時代を経て、1991年にD.A.アーカーが『ブランドエクイティ戦略』を発刊してから、企業のブランドに対する取り組みが大きく転換しました。ブランド価値の変遷を、ブランド論との関係で考察します。

(1) ブランドブーム時代前
　1980年代後半は、企業のM&Aが隆盛を極めていました。ブランドは、商品を構成する一要素でした。したがって、ブランドは売買の対象ではあっても、ブランドを資産として認識し、ブランド価値を高めようという機運はまったくありませんでした。

(2) ブランドエクイティ論の登場
　そこに登場したのが、ブランド＝無形資産 と考える"ブランドエクイティ論"です。1991年は、ブランド論にとって画期的な年になりました。同年、D.A.アーカーが『ブランドエクイティ戦略』を発刊すると、"ブランドエクイティ"という言葉がマーケティング関係者の間で大流行しました。本場のアメリカはもちろん、日本でも翻訳本が発刊され、日本企業にもブランドブームが起こりました。ブランドブームは、企業ばかりでなく、消費者にも伝播したのです。その後、D.A.アーカーは『ブランド優位の戦略』『ブランド・リーダーシップ』『ブランド・ポートフォリオ戦略』を次々に出版し、ブランド論の第一人者の地位を獲得しまし

た。

　D.A.アーカーは、1991年当時のことを次のように述べています。"ブランドエクイティという名前を生み出したことは、私の先入観があるかも知れませんが、マーケティングにおいて最も意義深いことのひとつだと考えています。ブランドエクイティ以前の課題とは、広告予算を増やすことで、そして広告担当者にその予算の使い方を委ねることで、ブランド・イメージと購入決定に影響を与えようとしました。ブランドエクイティというコンセプトが導入された後は、そうした考え方はまったく変わりました。ブランドを管理することは、戦術的というより戦略的なものとなり、経営陣に注目され、組織全体を巻き込むブランド構築プログラムを必要とするようになったのです。"

(3)「手段としてのブランド」から「目的としてのブランド」へ

　ブランドエクイティ論は、ブランドをマーケティングの一手段として捉えるのではなく、ブランドエクイティを構築するために、ブランド全体をどうするかを考えることです。アーカー教授が論じているように、企業のブランド政策は、個別・短期的な販促の一手段として考えるのではなく、中・長期的な視点から全社的かつ戦略的に捉えるべき事項なのです。ブランドを構成する各要素を戦術的要素と捉え、要素間のシナジーが最大化するようなブランド政策が求められていることを明らかにしたのです。

(4) ブランドエクイティ論を超えて

　最近のマーケティング学者の中には、ブランドエクイティ論を超える理論が展開されています。ブランドアイデンティティ論やパワーブランド論です。
①ブランドアイデンティティ論

a. ブランドアイデンティティとは

　ブランドアイデンティティとは、企業のブランドに対する主義・主張です。ブランドアイデンティティは、ブランド構築の出発点です。したがって、企業はブランドアイデンティティの策定に全力で取り組まなければならないのです。特に、企業ブランドを構築する場合は、全部門の声を集約して行わなくてはなりません。アーカー教授は、「ブランドには強いアイデンティティが必要である」と述べています。ブランドロイヤルティを高め、顧客との強い関係を築くためには、ブランドの果たす役割は極めて大きいものがあります。アイデンティティ、即ち主義主張がはっきりしていることが、ブランド構築には重要なのです。たとえば、メルセデスベンツやBMWなどです。

b. ソニー"VAIO"のブランドアイデンティティ

　ソニーのパソコン"VAIO"は、ソニーらしさを打ち出した製品のひとつです。「バイオは、その映像と音楽の楽しみを広げるためのツールである」というコンセプトを打ち出しています。そして、VAIOの4文字に次のような意味を込めていたのです。

・Video（映像）
・Audio（音声）
・Integrated（統合した）
・Operation（操作）

　さらに、VAIOのロゴマークには、VAの部分の曲線は、音の波（アナログ）を表し、IOの部分はデジタル信号の「1と0」を表していたのです。主義主張がはっきりしているブランドは、ブランド価値を大きく高めます。

②パワーブランド論

　パワーブランド論とは、強いブランドを作るために、どうすればよいかを研究することです。ブランド価値を向上し、強いブランドを育てて

いくためには、ブランド要素の何をどうするかを具体的に展開する必要があります。特に、「強いブランド」づくりに必要な各ブランド要素のマネジメントはどうあるべきかという問題意識のもと、ブランド・ネーム、ロゴ、スローガン、キャラクター、ジングル、パッケージの6つの要素から考察します。「強いブランド」を作るためには、各要素を単独でマネジメントするのではなく、トータルで管理していくことが必要です。ブランドマネジャーによるブランド・マネジメントが重要なポジションを占めているのです。

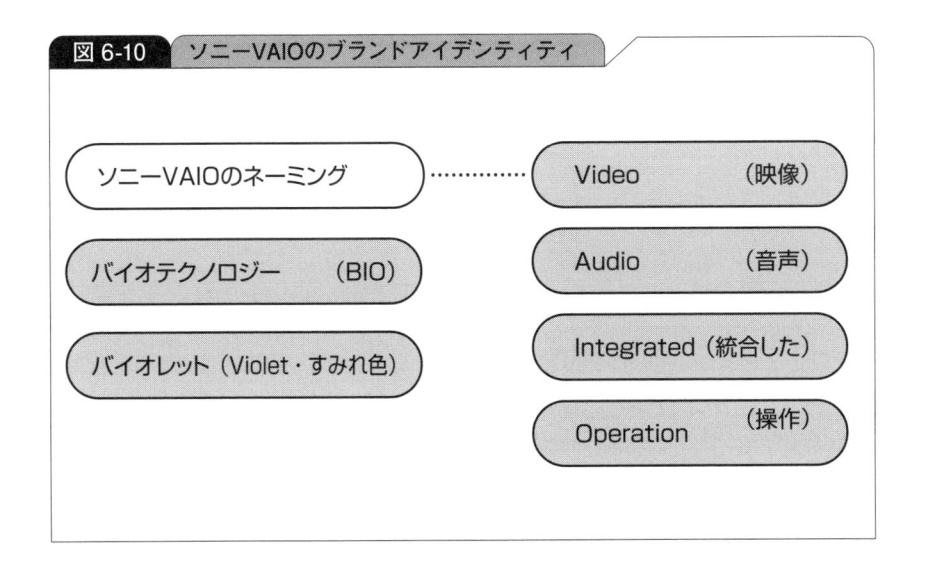

図 6-10　ソニーVAIOのブランドアイデンティティ

- ソニーVAIOのネーミング
- バイオテクノロジー　（BIO）
- バイオレット（Violet・すみれ色）

- Video　　　（映像）
- Audio　　　（音声）
- Integrated（統合した）
- Operation　（操作）

section 1　ブランドロイヤルティとは
section 2　ブランドロイヤルティの育成
section 3　ブランド想起とブランドロイヤルティ
section 4　成熟ブランドの活性化
section 5　老舗のブランドロイヤルティ

PART 7

ブランドロイヤルティ とは

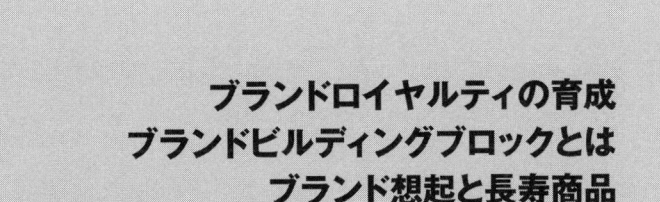

ブランドロイヤルティの育成
ブランドビルディングブロックとは
ブランド想起と長寿商品
老舗のブランドロイヤルティ育成の秘訣

> section 1　ブランドロイヤルティとは
>
> # ブランドロイヤルティとは

　みなさんは、ビールなら"アサヒのスーパードライ"、インスタントコーヒーなら"ネスレのゴールドブレンド"など、毎回購入するブランドを固定している商品はありませんか。本sectionでは、消費者のブランドへの愛着心"ブランドロイヤルティ"について考察します。

(1) ブランドロイヤルティとは

　こだわりや執着心、愛着心のことを、英語でロイヤルティ（Loyalty）といいます。ブランドロイヤルティは、消費者のブランドへのこだわり、すなわちブランドへの忠誠度、商標忠実性のことです。シャネルの愛好者は、"シャネラー"という独特の名称で呼ばれています。一方、グッチの愛好者は"グッチャー"、キティちゃんの愛好者は"キティラー"と呼ばれています。

　ブランドロイヤルティとは、他の代替的ブランドがあるにもかかわらず、特定のブランドを購買し続けることをいいます。アーカーの提唱する"ブランドエクイティ"の5つの要素のうち、ブランドロイヤルティは核となっている要素です。ブランドロイヤルティは、ブランドエクイティの他の要素"ブランド認知、知覚品質、ブランド連想"などと異なり、新規客ではなく、既存客（経験者）に対して効果を発揮します。

(2) ブランドロイヤルティの構成要素

　ブランドロイヤルティは、次の要素で形成されています。
・製品のデザイン、ロゴ、サイズなど見た目のよさ

・コストパフォーマンスの高さ
・購買経験や周囲からの評判による信頼性の高さ
・信頼している小売店からの推奨

(3) ブランドロイヤルティの条件

　ブランドロイヤルティの形成条件をあげると、次のようになります。
・製品そのものの機能など、製品の内面的な信頼がある場合に形成されやすい
・独占市場ではなく、完全市場や寡占市場で形成される
・市場に代替的ブランドが存在し、ブランドを選択できる
・偶然ではなく、選好によって特定ブランドを購買する
・代替的ブランドが存在し、他のブランドは購買しない

(4) ブランドロイヤルティの測定

　ブランドロイヤルティは高い方が、企業や消費者にメリットを与えます。ブランドロイヤルティはどのように測定するのでしょうか。ブランドロイヤルティの測定に当たり、顧客の継続購入率（リピート率）だけで計るのは早計です。ブランドにそれほど価値を認めていないにもかかわらず、価格が安い、スイッチングコストが高い、などの理由で継続購入率（リピート率）が高くなってしまうケースがあります。したがって、ブランドロイヤルティの測定に当たっては、行動面（リピート率）と意識面（継続意向率）の両方を考慮する必要があります。
　上田隆穂氏は、行動面の指標として、次の3点をあげています。
①購買比率尺度…消費者の対象ブランドの購買比率を基準とする方法です。当該ブランドの顧客内シェアを尺度とする方法は、購買比率を基準とする方法のひとつです。1年間に、ある消費者がシャンプーを12個買い、そのうち特定ブランドを8個買ったとすれば、ロイヤルティ（購

買比率）は75％になります。

②連続購買尺度…特定ブランドを何回連続して購買しているかを基準とする方法です。特定ブランドを連続して購買する運の数が、ロイヤルティの高低を表します。連とは同列、同類のことです。

③価格…対象ブランドから他のブランドへスイッチが発生する価格差を、ロイヤルティの尺度とします。小さな価格差で他のブランドへスイッチする場合はロイヤルティが低く、スイッチする価格差が大きいほど、ロイヤルティが高いと考えられます。

ブランドロイヤルティの高低によって、顧客層を分類したものを"ロイヤルティのピラミッド"といいます。ロイヤルティのピラミッドは、次の5段階に層別します。

・絶対的支持層…ピラミッドの最上位に位置し、特定ブランドに対して強い思い入れがあり、自分とそのブランドを同一化したり、自分のアイデンティティとしてそのブランドを使用する顧客層

・積極的支持層…ピラミッドの上から2番目に位置し、当該ブランドを好み、愛着を持つ顧客層

・習慣的支持層…ピラミッドの中間に位置し、あえてそのブランドをスイッチする理由がなく、習慣的にそのブランドを購入している層

・消極的支持層…ピラミッドの下から2番目に位置し、そのブランドを積極的に支持する理由はないが、特に不満がなく、何らかの知名度があるブランドを選択する顧客層

・無関心層…ピラミッドの最下層に位置し、ブランドに関心がなく、購入に際してブランドを考慮しない顧客層

(5) ブランドロイヤルティのメリット

ブランドロイヤルティを構築することにより、企業は次のようなメリットを享受できます。

①ブランドロイヤルティの高い顧客がどれだけいるかによって、ブランド資産の高さを決めることができます。
②ブランドロイヤルティを高めることによって、競合他社の攻撃から顧客基盤を守ることができます。
③ブランドロイヤルティが高いと、他のブランドに乗り換え（ブランドスイッチ）にくくなります。その結果、新規顧客獲得コストが節約でき、安定的な収益を上げやすくなります。
④既存顧客を囲い込むことにより、広告宣伝費を削減できます。
⑤口コミによってブランド価値を広めてくれる可能性が高く、ブランドの維持・成長にとって非常に重要です。
⑥離反率が下がり、キャッシュフローが向上し、流通業者から協力を受けられるなど、好影響を享受できます。
⑦高付加価値を生み出し、市場占有率や顧客シェアが拡大し、競争優位につながります。

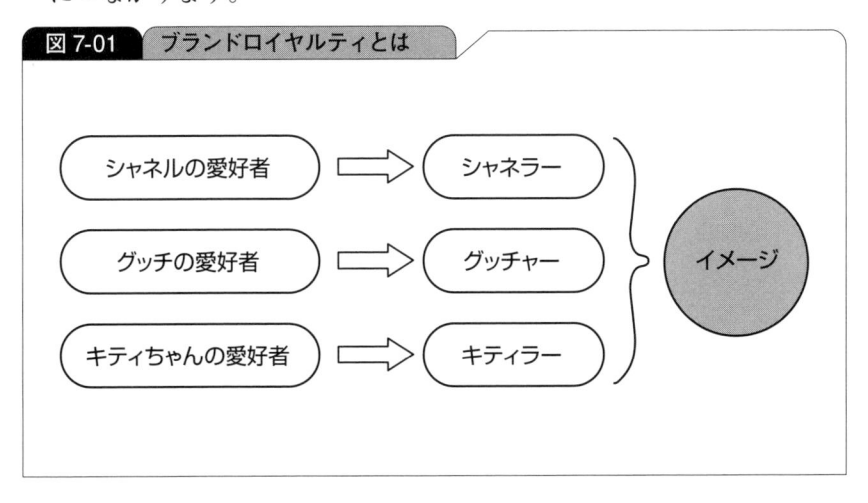

図 7-01　ブランドロイヤルティとは

- シャネルの愛好者 → シャネラー
- グッチの愛好者 → グッチャー
- キティちゃんの愛好者 → キティラー

イメージ

section 2　ブランドロイヤルティとは
ブランドロイヤルティの育成

　前sectionでは、ブランドロイヤルティとは何かについて学習しました。本sectionでは、ブランドロイヤルティをどのようにして構築していくのかを考察します。ブランドロイヤルティの育成は、ブランドマーケティングの中心課題です。詳しく見ていきましょう。

(1) ブランドロイヤルティの形成過程
　ブランドロイヤルティの形成過程には、次の3つのステップがあります。
①ブランドの認知
　ブランドの認知とは、潜在顧客がどんなブランドか知っている、またはそのブランドを認知していることです。ある調査によれば、ブランド認知率が高いブランドとして、ディズニーランド、ハーゲンダッツ、セブン-イレブンなどが上がっています。ケラー教授は、ブランド認知をブランド再生とブランド再認に分けています。
・ブランド再生…ある製品カテゴリーが与えられたとき、消費者が記憶の中から特定ブランドを思い起こすことです。アミューズメントパークに行きたいと思ったら、東京ディズニーランドを思い出す、コンビニといったらセブン-イレブンを思い出す、などです。買い手が購買時に検討する代替案の集合を、想起集合といいます。想起集合の中で、当該ブランドを想起する人々の比率を、ブランド再生率といいます。ブランド再生率が高いほど、ブランドロイヤルティは高いといえます。
・ブランド再認…あるブランド要素を与えられたとき、消費者が記憶の

中のブランドを認識できることを指します。写真を見せて東京ディズニーランドとわかる、"年中無休、24時間営業"と聞いてセブン-イレブンを思い出すなどです。

②ブランド選好

ブランド選好とは、ある特定のブランドを選択する消費者の性向をいいます。一般的に、最寄品、買回品、専門品と移行するごとに、ブランド選好が強くなるといわれています。

③ブランド固執

ブランド固執とは、特定のブランドしか購入しない状態をいいます。ブランドパトロナージュ（ブランドの愛顧度）の最高位に位置しています。

(2) ブランドロイヤルティの育成方法

ブランドロイヤルティの育成は、ブランドロイヤルティを高めることからスタートします。ブランドロイヤルティを高めるためには、顧客を囲い込むのではなく、"顧客との共創"を意識することが重要です。そのためには、次のようなポイントをチェックします。

・愛用者はどういう層で構成されているか
・自分がされたいのと同じように、顧客に敬意を持って接する
・スイッチングコストを作り出す
・質の高い便益（ベネフィット）を提供する
・良好なイメージを醸成する
・従業員一丸となって情報発信する
・SNSを活用したブランドコミュニティを運用する

アメリカの航空会社は、顧客層を2分化したプログラムを提供し、ブランドロイヤルティを高めていることで有名です。

・世帯年収の高い層…自由度の高い旅行、ラウンジなど常連客限定のサー

ビスの提供
・世帯年収の低い層…ディスカウントやキャッシュバックなどが効果的

（3）ブランドロイヤルティとブランドスイッチ

　ブランドスイッチとは、特定製品カテゴリーの中で、消費者があるブランドから競合他社のブランドに乗り換えることです。ブランドスイッチは、消費者サイドの理由だけでなく、販売店側の理由によっても起こります。ブランドロイヤルティの高い商品からブランドスイッチした人のうち、80％が以前使用していたブランドに「満足していた」と答えています。品質で説得できる層と、価格訴求でブランドスイッチ可能な層を分けて考える必要があります。ブランドスイッチした人が、元のブランドに戻ることを"スイッチバック"といいます。
　ブランドスイッチは、次のような条件のときに発生します。
①消費者側の理由
　・ブランドへの不満
　・気まぐれ
②販売店側の理由
　・陳列方法の変更
　・店員の推奨
　・情報の鮮度劣化

（4）ブランドビルディングブロック

　ブランドビルディングブロックとは、ケラー教授の提唱するブランド構築のステップを図式化したものです。ブランドの形成過程を理論化したフレームワークとして有名です。
①アイデンティティ
　アイデンティティを生み出すためには、セイリエンス（突出性）を生

み出す必要があります。
② ミーニング
　ミーニングは、機能面のブランド・パフォーマンスと抽象面のブランド・イメージから成り立っています。
③ レスポンス
　ミーニングによって引き起こされるステップです。
④ リレーションシップ
　ブランドレゾナンス（ブランドと同調している状態）を引き上げることによって実現されます。

(5) ブランドロイヤルティの構築に成功した神田和泉屋

　神田和泉屋は、東京都千代田区神保町に店舗を構える酒販店です。千代田区の総人口は5万人弱（平成21年12月現在）で、地域住民を対象にした商売を行っていません。神田和泉屋の特徴は、扱い商品と顧客の組織化にあります。取扱商品は地酒が80％、ドイツワインが20％で、ビールの取り扱いはありません。ビールは、差別化が難しい商品だからです。地酒は、有名な蔵元ではなく、地方の中堅・中小の蔵元の地酒中心に品揃えしています。ドイツワインは、横田社長自ら発掘したドイツの小さなワイナリーのワインです。
　顧客組織化の一環として、25年間"神田和泉屋学園"を主催しています。アルコール中学、アルコール高校、アルコール大学、とステップを踏んで進級できるカリキュラムが特徴です。1回2時間の講義は、前半が横田社長による日本酒の知識、後半が地酒を飲みながらの楽しい歓談です。25年間に輩出した卒業生が全国に5,000名以上おり、神田和泉屋の売上高を支えているのです。扱い商品はメーカーブランドですが、"神田和泉屋"の名前は、地酒ファンの中にしっかり浸透しています。

図 7-02　ブランドロイヤルティの形成過程

①ブランドの認知
- ブランド再生……カップメン ⇨ カップヌードルを思い出す
- ブランド再認……年中無休・24時間営業 ⇨ セブンイレブンを思い出す

⇩

②ブランド選好

⇩

③ブランド固執

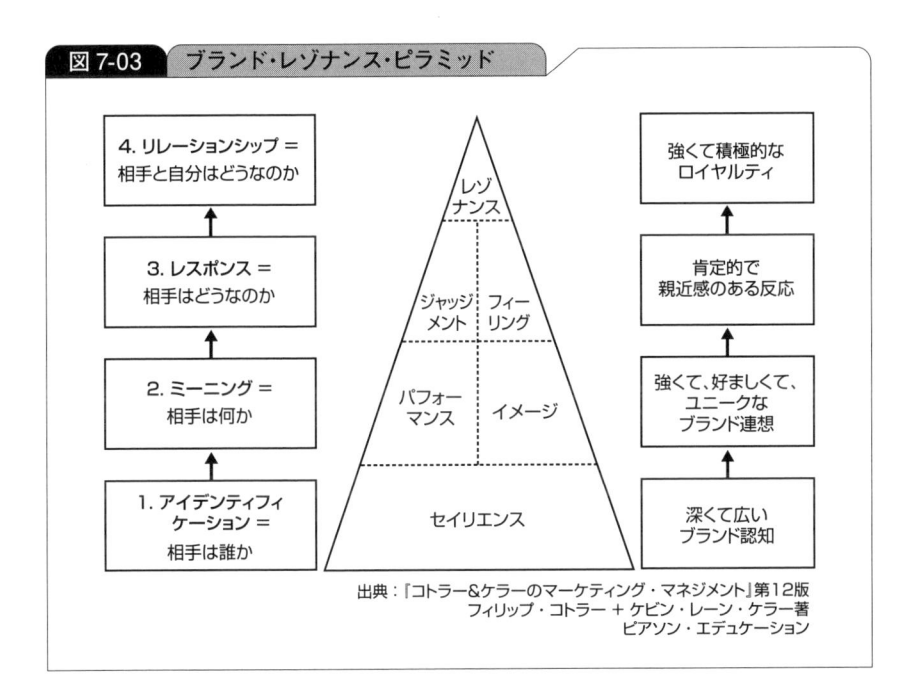

図 7-03　ブランド・レゾナンス・ピラミッド

4. リレーションシップ ＝
相手と自分はどうなのか

3. レスポンス ＝
相手はどうなのか

2. ミーニング ＝
相手は何か

1. アイデンティフィケーション ＝
相手は誰か

ピラミッド（上から下）：
- レゾナンス
- ジャッジメント｜フィーリング
- パフォーマンス｜イメージ
- セイリエンス

強くて積極的なロイヤルティ

肯定的で親近感のある反応

強くて、好ましくて、ユニークなブランド連想

深くて広いブランド認知

出典：『コトラー&ケラーのマーケティング・マネジメント』第12版
フィリップ・コトラー ＋ ケビン・レーン・ケラー著
ピアソン・エデュケーション

PART 7　ブランドロイヤルティとは

section 3　ブランドロイヤルティとは
ブランド想起とブランドロイヤルティ

　消費者は、自分の知らない商品は買わないと言われています。したがって、消費者の意識の中でブランドを想起してもらうことが重要です。本sectionは、ブランドを想い起こすこと、すなわち"ブランド想起"とブランドロイヤルティの関係について考察します。

(1) ブランド想起とは

　"ブランドとは人々の脳の中にあるもので、知覚のことだ"と言っている方がいます。言い得て妙だと思います。"人間は1カテゴリーで3～4のブランドしか思い出せない"とも言われています。トップ3、トップ4に入る重要性を論じているのです。したがって、ブランド戦略とは、3つか4つの椅子を奪い合う"椅子取りゲーム"だと結論づけられます。ブランド戦略が椅子取りゲームかどうかは別にして、消費者にブランドを想起してもらう重要性に異を唱える人はいないでしょう。

　ブランド想起とは、○○と聞いて、具体的な商品名やブランドを思い出すことです。○○に入る言葉は、商品のカテゴリー、都市名、小売・サービス業態、あるいは"のどが渇いた"というTPOを指すこともあります。例えば、プレミアムアイスといったら、ハーゲンダッツやレディボーデンを思い出す方が多いのではないでしょうか。この場合のハーゲンダッツやレディボーデンのことを、想起商品群といいます。想起商品群に入らないと、まず商品の購入には行き届かないのです。先ほどの、3つ4つの椅子取りゲームとは、マーケティング的にいうと想起商品群に入ることを意味しているのです。

ブランド想起には、次の2つのレベルがあります。

①純粋想起（pure recall）…純粋想起とは、調査対象者に何のヒントも与えず、調査対象のブランドを想起するかどうかをいいます。例えば、"ビールで思い出すブランドをあげてください"と質問して、答えが出てきたブランドは純粋想起です。

②助成想起（assisted recall）…助成想起とは、調査対象者にブランド名を提示し、知っているかどうかを質問する手法です。
例えば、ビールのブランドとして複数のブランドを提示し、"知っているブランドをあげてください"と質問して、答えが出てきたブランドは助成想起です。

(2) ブランド認知と認知のピラミッド

ブランド認知とは、あるブランドがその商品カテゴリーに属している

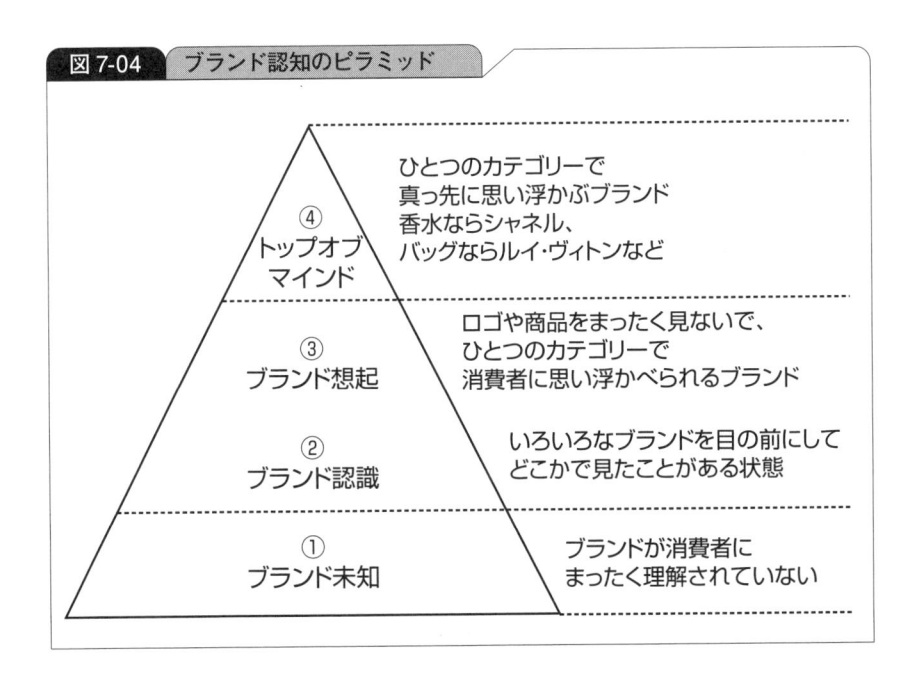

図7-04　ブランド認知のピラミッド

④ トップオブマインド：ひとつのカテゴリーで真っ先に思い浮かぶブランド　香水ならシャネル、バッグならルイ・ヴィトンなど

③ ブランド想起：ロゴや商品をまったく見ないで、ひとつのカテゴリーで消費者に思い浮かべられるブランド

② ブランド認識：いろいろなブランドを目の前にしてどこかで見たことがある状態

① ブランド未知：ブランドが消費者にまったく理解されていない

ことを、潜在的購買者が認識あるいは認知できることをいいます。ブランド認知は、次の2つに分けられます。
①ブランド再認…助成想起のことです。再認知名率で示されます。
②ブランド再生…純粋想起のことです。ブランド再認より強くなります。再生知名率で示されます。

認知のピラミッドとは、消費者のブランドに対する認知の度合を、ピラミッドにしたものです。
①ブランド未知…ブランドが消費者にまったく理解されていない
②ブランド認識…いろいろなブランドを目の前にして、どこかで見たことがある状態
③ブランド想起…ロゴや商品をまったく見ないで、ひとつのカテゴリーで消費者に思い浮かべられるブランド
④トップオブマインド…ひとつのカテゴリーで、真っ先に思い浮かぶブランド。香水ならシャネル、バッグならルイ・ヴィトンなど

(3) 長寿商品の条件

ポータルサイトのgooが、"孫の代までその味を守り続けて欲しいロングセラー商品ランキング"をホームページで紹介しています。ランキングのトップ3は、1位:カップヌードル、2位:カルピス、3位:三ツ矢サイダー、です。

①カップヌードルの成功

日清食品が製造・販売しているカップヌードルは、1971年"ラーメンではなくヌードル"という食品の新しい分野を切り開く商品として登場しました。発売以来約40年が経過した今日、世界80カ国以上で消費され、発売以来の累計販売食数は250億食を超えているそうです。なぜカップヌードルが、これほどまでに成功したのでしょうか。成功の秘密は、カップヌードルの簡便性にあります。それまでの袋麺は、麺とお湯

と丼と箸が必要でした。お湯を沸かしてから、食べるまでに時間がかかりました。カップヌードルは、お湯を注いでから3分で食べられることをキャッチフレーズにしました。

製法にも工夫を凝らしました。発泡スチロールのカップヌードルに粉末スープとフリーズドライ化された具材が入っています。日清食品は、カップヌードルの底を空洞にする麺塊構造と中空保持構造の特許を保有していました。

1971年当時、麺の量が半分にもかかわらず、袋麺が20円なのに、カップヌードルは100円の高価格で売り出しました。"カップヌードル"のロゴが、"ヌード"を連想させるため、"カップヌードル"と"ド"の表記を小さくしていました。日本では"CUP NOODLE"と表記していますが、海外では"CUP NOODLES"と表記しています。海外展開に当たっては、その土地に合わせて味付けを変え、麺をすすることに慣れていない欧米では麺を短くし、フォークで食べられるよう工夫しています。

図 7-05　ロングセラー商品ランキング

孫の代までその味を守り続けて欲しいロングセラー商品ランキング

No	商品名	会社名	誕生	No	商品名	会社名	誕生
1	カップヌードル	日清食品	1971	6	ポテトチップス	カルビー	1975
2	カルピス	カルピス	1919	7	グリコキャラメル	江崎グリコ	1922
3	三ツ矢サイダー	アサヒ飲料	1884	8	ミルキー	不二家	1951
4	ヤクルト	ヤクルト	1935	9	シーチキン	はごろもフーズ	1931
5	かっぱえびせん	カルビー	1964	10	柿の種	浪花屋製菓	1923

出典：gooランキングホームページ

PART 7　ブランドロイヤルティとは

section 4　ブランドロイヤルティとは
成熟ブランドの活性化

　すべての製品は、導入期、成長期、成熟期、衰退期のプロダクトライフサイクルを経るといわれています。成熟期の製品の活性化を、ブランドに限定して考察します。

(1) 成熟ブランドとは
　成熟ブランドを考える場合、市場の成熟化について考えなければなりません。市場の成熟化とは、商品（サービス）が多くの人に普及し、販売市場の拡大が望めず、成長率が停滞（低いかゼロ、あるいはマイナス）している状態をいいます。成熟化とは、特定の産業やマーケットにおいて、競合企業の商品やサービスが機能的に大きな特徴の違いを生まなくなり、差別化戦略が困難になった市場環境をいいます。すなわち、成熟化はコモディティ化と同義で使われています。
　魅力的な新製品は、新しい市場で売れ始め、年々高い伸び率を示しています。しかし、皆が購入し保有すると、徐々に伸び率は落ちてきます。
　携帯電話は、DoCoMoから始まり、多くの人が保有するようになり、2、3年後に成熟市場になりました。しかし、カメラつき新機種の登場で、市場は再度成長しました。
　企業の販売する商品（サービス）が、成長商品（市場）か成熟商品かにより、宣伝や販売方法が異なります。プロダクトライフサイクルの見極めは、商品のマーケティングにとって重要です。プロダクトライフサイクルの判断を誤ると、マーケティングに失敗することがあります。

(2) なぜブランドの成熟化が起こるのか

①ブランドの老化

　ブランドが老化することを、ブランドエイジングといいます。ブランドの老化といっても、ブランド自体に問題があるわけではありません。ブランドは、企業と顧客の接点にあり、ブランドを提供する企業側のブランドに対する硬直化した考え方が、ブランドの老化を呼び起こします。アメリカのポラロイドは、インスタントカメラというブランドにこだわるあまり、ブランドエイジングに陥り、会社更生法を申請しました。

②競合企業、ブランドの浸透

　プロダクトライフサイクルの成熟段階になると、多くの競合企業が参入し、ブランドの浸透度は極限まで高くなり、ブランドの成熟化が進行します。

③市場そのものの縮小

　プロダクトライフサイクルの成熟段階の後期に入ると、撤退企業も現れ、市場そのものが縮小し、ブランドの成熟化がいっそう進みます。

④ユーザーの高齢化

　ユーザーの高齢化も、ブランドの老化に関連があります。女性用生理用品や赤ちゃん用品などが典型的です。

⑤計画的陳腐化の失敗

　計画的陳腐化に失敗すると、ブランドの成熟化が進みます。計画的陳腐化とは、プロダクトライフサイクルの成熟期製品の寿命を計画的に短縮し、消費者の買換需要を喚起するマーケティング手法です。

(3) 成熟ブランドの活性化策

①ブランドを再定義する

　ブランドを活性化するためには、従来のブランドが持っている定義の再考からスタートします。怖いのは、顧客より企業がブランドを狭く定

義しているケースです。ブランドの老化の項でも説明したように、人は既成概念にとらわれる傾向にあります。ブランド活性化のためには、ブランドに対する既成概念を取り払う必要があります。従来のブランドの定義をみつめ直し、消費者の経験価値を加え、再定義します。モノ的な定義から、コト的な定義に変更することもひとつの方法です。

　ブランドの定義をみつめ直し、常にブランドの鮮度を保ち、売上高を伸ばしていくことを、水野与志朗氏は"イルカ・ジャンプ"と呼んでいます。プロダクトライフサイクルの形が、イルカがジャンプしているように見えることから名づけられました。

②ターゲット層の若返り化

　酒税を統括する国税庁は、日本酒を"国酒(こくしゅ)"と呼んでいます。しかし、全酒類に占める日本酒のシェアは、最盛期の38.5％から、平成20年度には7.3％へと落ち込んでしまいました。"国酒"と呼ぶには寂しい数値です。しかし、この傾向は日本だけの現象ではありません。フランスのワイン、ドイツのビール、スコットランドのスコッチなども同じ道を辿っているのです。

　日本酒の落ち込みが進む中、酒処の新潟県は日本酒の復権に積極的です。毎年"にいがた酒の陣"フェスティバルを開催し、日本酒の復権に取り組んでいます。フェスティバルの参加者の年齢層を分析すると、30代の女性の比率が増えています。ワイン好きの30代の女性が、ワインの延長線上で、日本酒にも興味を示すようになっているのです。

　キットカット（KitKat）は、ネスレが製造・販売しているチョコレート菓子です。日本では、"Have a break, Have a KitKat."のキャッチコピーが有名です。キットカットは、中学生・高校生をターゲットにしていたにもかかわらず、実際に買っていくのは主婦層が多かったのです。

　ところが、キットカットの名称が"きっと勝つ"と似ていることから、受験生が縁起担ぎに食べる現象が広がり、受験シーズンの験担ぎアイテ

ムの元祖として有名になりました。キットカットは、ブランドの若返りによって、リポジショニングに成功しました。

(4) ブランドレバレッジ（Brand Leverage）

　ブランドレバレッジとは、ブランドによるてこの作用、影響力のことです。既存のブランドの強みをてこに、それ以上の効果・影響力を得るためのマーケティング手法のことです。トヨタは、サブブランド"レクサス"でアメリカの高級車市場に参入し、成功を収めました。コニャックのレミーマルタンは、最高級品"ルイ13世"をバカラ社製のミニボトルに詰め直し"プチ・ルイ13世"として販売し、20代女性のバレンタインギフトに採用されました。"レクサス"も"プチ・ルイ13世"も、既存ブランドの古いイメージを引きずることなく、かつ既存ブランドの顧客の離反を招くことなく、新製品のマーケティングに成功しました。

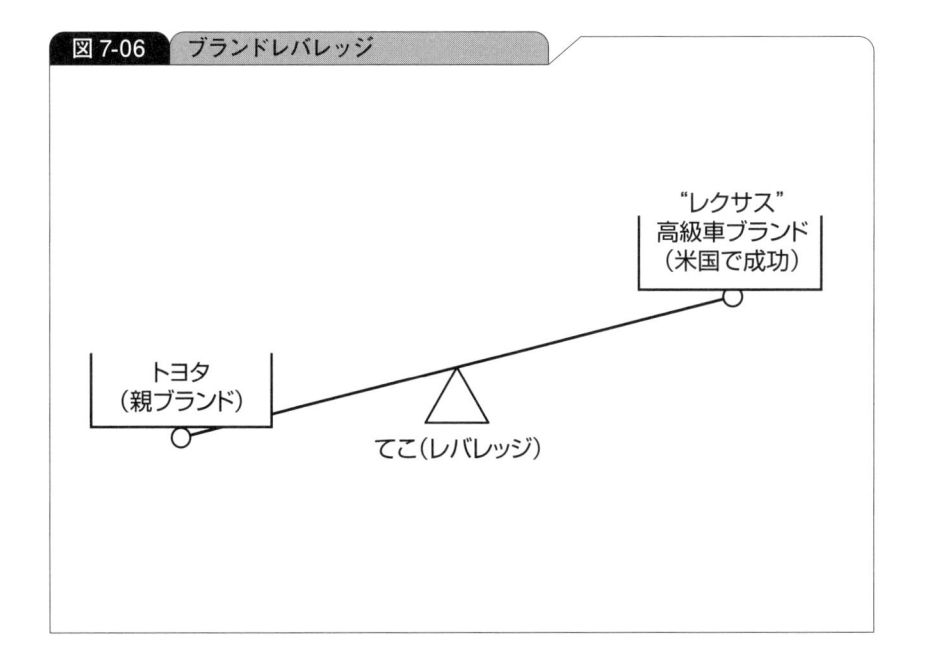

図 7-06　ブランドレバレッジ

"レクサス"
高級車ブランド
（米国で成功）

トヨタ
（親ブランド）

てこ（レバレッジ）

section 5　ブランドロイヤルティとは
老舗のブランドロイヤルティ

　日本には老舗企業が多く存在します。老舗の多い業界として、和菓子、旅館、日本酒業界などがあげられます。老舗の経営の特徴を、ブランドロイヤルティとの関連でみていきましょう。

(1) 老舗とは
　「老舗」を辞書で引くと、"代々同じ商売を続けている店。由緒正しい古い店"と載っています。代々ですから、2代以上は経営が継続していることが条件になっています。神田良氏は、老舗企業を"長期存続企業"と呼び、"100年以上続いている、要するに、1世紀を超えて生きている企業"と定義しています。長沢伸也氏は『老舗ブランド「虎屋」の伝統と革新』(晃洋書房)の中で、"社歴100年以上、同族経営により、同一事業が継続されている企業"と定義しています。
　一方、梅澤利昌氏は、老舗企業の条件に"先祖代々続いていて、今もなお繁盛していることである。連続性が絶対条件である"と喝破しています。老舗が誇るものにのれんがあり、のれんの条件を3つあげています。
・のれんは信用の象徴である
・のれんは投資の象徴である
・のれんは人の和の象徴である

(2) 老舗企業"虎屋"のブランド維持戦略
　虎屋は、老舗企業の多い和菓子業界の中でも飛びぬけた存在です。室町時代に京都で創業し、5世紀にわたり和菓子の最高級ブランドを提供

し続けてきた虎屋を、ブランドロイヤルティとの関連でみていきましょう。

①不拡大戦略

虎屋の創業は約500年前と古く、創業当初は京都に本社を構え、皇族や公家、武家、豪商などを相手に和菓子を販売していました。遷都と同時に東京へ本社を移し、一般消費者に販路を広げ、現在国内と海外で店舗を展開しています。

虎屋の経営の特徴として、不拡大戦略があげられます。京都に本社があった頃は、他地域への出店やのれん分けをせず、1ヶ所で営業を続けていました。東京へ拠点を移した後100年以上経た現在でも、新規出店の際は、希少性を維持し、ブランドの拡散を防ぐ方針を守っています。

②"掟書き"の存在

虎屋には、経営者が従業員に代々伝え守らせてきた"掟書き"があります。"掟書き"は、従業員の日常の行動を律するために書かれたものです。「仕事はそれぞれの得意とするところを活かして励むこと」「目上の者は目下の者にいろいろと教えるとともに、目下の者は目上の者を敬い、指示を守ること」「たとえ丁稚であっても読み書きそろばんを習うこと」など、従業員の教育や組織のあり方について書かれていることが特徴です。"掟書き"の精神は、今でも従業員に根づいています。

③経営は革新の連続である

虎屋の代々の経営者は、伝統を重んじるだけでなく、経営革新を行ってきました。「おいしい和菓子を喜んで召し上がっていただく」という経営理念の下、時代の節目で、成長のための大きな決断をしてきました。

第一は、明治12年、京都から東京へ本社を移転したことです。"結果的には、この東京進出の決断が成功したからこそ、今日の虎屋がある"と現社長の黒川光博氏は述べています。

第二は、40年ほど前（昭和37年）、デパート（東武百貨店池袋店）へ

出店したことです。社内では、庶民的なデパートへの出店を巡って議論が交わされました。虎屋は、銀座や赤坂などの店舗で高級なブランド・イメージを確立していたこともあり、庶民的なデパートへの出店がブランド・イメージを壊してしまうのではないかと危惧されました。結果は、高級なブランド・イメージを維持しつつ、庶民的なデパートへの出店に成功したのです。

　第三は、1980年に海外へ進出したことです。菓子の博覧会をきっかけにパリに出店しました。和菓子や伝統文化を海外に広めようとして進出しましたが、その後は国内と同様に不拡大戦略を採用し、すぐに他都市へ出店することはありませんでした。

④老舗企業のマネジメントの特徴

　岩崎尚人氏は、老舗企業のマネジメントの特徴を次の3点にまとめています。

a. 一貫性のマネジメント

　老舗企業が生き続け、成長を重ねてきたのは、家訓などの明確で変わることのない理念やアイデンティティを持ち、それに基づいて一貫性を保つための意図的なマネジメントをしてきたからです。

b. 学習のマネジメント

　老舗企業は、アイデンティティに基づいて長期間にわたって独自のノウハウ、熟練を学習してきました。ここでいう学習には、経営者や従業員個人の学習だけでなく、組織としての学習も含まれています。

c. 漸増的革新のマネジメント

　老舗企業は、環境変化への対応に特徴があります。老舗企業は「昔から変わらない」と思われるところに価値があります。急激に変わることは、顧客の支持を失うことになりかねません。老舗企業は、長期的に漸増的な革新を志向するのです。

⑤自己啓発支援制度"Egg21"

　虎屋は、自己啓発支援のために、"Egg21"制度を設けています。仕事以外でも高い能力を持った社員を積極的に支援する目的で、1992年に創設しました。"Egg21"は、従業員から応募のあった自己啓発プランに対して、資金援助や休暇を与えて、実現を支援するものです。今までに海外ボランティア、登山活動やオリンピック出場などに対して支援してきました。「心豊かな人間を育て、人間が心を込めてお菓子を作ることができれば、お客さまが召し上がったときに形や色に表われる」との理念の下に。

(3) ロングセラー商品

　ロングセラー商品とは、文字通り消費者に長く愛され、活用されている商品のことです。

　男性用化粧品のロングセラー商品の代表が、"マンダム"です。マンダムの発売は、今から約40年前の1970年です。当時、男性用整髪料はヘアリキッドなどの液体タイプが主流でした。ポマードやチックなどの油性整髪料が主力の"丹頂"は、業績の回復を期待して、液体タイプのマンダムを発売しました。当時としては画期的なハリウッドスター"チャールズ・ブロンソン"をイメージキャラクターに起用し、"う～ん、マンダム"の流行語を生み出すほど、マンダムのCMはヒットしました。

　チャールズ・ブロンソンのCM効果は絶大で、発売3ヶ月で年間販売予算を達成、5ヶ月後のブランド認知率は、なんと98％に達しました。マンダム発売の翌1971年、丹頂は社名を"マンダム"に変更し、現在は「GATSBY」「LUCIDO」などのブランドのほか、女性用化粧品も販売しています。マンダム"mandom"とは、元々"Man Domain"（男の領域）という意味でしたが、1984年に女性用化粧品事業への参入の際、公に略称を変更し、現在は"Human & Freedom"の略で用いています。

図 7-07　老舗企業のマーケティング

- 男性用総合ブランド戦略の成功　⇒　男性用化粧品「マンダム」
- 1969年：「マンダム」発売　俳優のチャールズ・ブロンソンをCMに起用
- 発売5ヶ月後：ブランド認知率98％
- 1971年：社名を"丹頂"から"マンダム"に変更
- 現在：若者向けブランド「ギャツビー」が国内トップブランドに成長

図 7-08　虎屋変革の歴史

- ①創業：約500年前・京都本社
- ②明治12年：本社東京移転
- ③昭和37年：百貨店へテナント出店開始
- ④1980年：パリに出店
- ⑤1992年：自己啓発支援制度"Egg21"導入

老舗企業のマネジメントの特徴 ⇒
①一貫性のマネジメント
②学習のマネジメント
③漸増的革新のマネジメント

出典:『企業不老長寿の秘訣』岩崎尚人他著　白桃書房を一部修正

- section 1　地域ブランドとは
- section 2　地域団体商標制度
- section 3　地域ブランド育成のステップ
- section 4　地域ブランドの例
- section 5　JAPANブランドの育成

PART 8

地域ブランド戦略

地域ブランドとは
JAPANブランドの育成
地域団体認証制度とは
地域ブランドの具体例

section 1　地域ブランド戦略

地域ブランドとは

(1)「地域ブランド」とは

　「地域ブランド」は、"関あじ・関さば"、"草加せんべい"などのように「地域」と結びつきの強いブランドです。「地域ブランド化」の取り組みによって生み出されました。

　「地域ブランド」とは、全国各地の特色ある名産品・特産品、地域資源などを活かしてサービスなどを新たに創造し、付加価値のあるブランドとして育てている農・水産物、畜産物や、これらの加工食品などをいいます。「地域ブランド」には、特産物、伝統工芸品や伝統産業などが含まれます。産業構造審議会知的財産政策部会「地域ブランドの商標法におけるあり方について（2005年）」では、「地域ブランド化」を次のように定義しています。

　「地域の事業者が協力して事業を展開するときに、統一したブランドを用いて、当該地域と何らかの関連性（自然的、歴史的、風土的、文化的、社会的等）がある特定の商品の生産または役務の提供を行う取り組み」

　「地域ブランド化」の活動は、地域経済の活性化、地域産業の振興・再生の取り組みとして注目されており、登録申請918件（平成2009年12月現在）がなされ、444件（2009年12月現在）が登録されています。

(2)「地域ブランド」の育成・振興策

　2007年6月施行された「中小企業による地域産業資源を活用した事業活動の促進に関する法律（中小企業地域資源活用促進法）」により育成・支援されています。

振興事業のスキームは、以下の通りです。
①地域の特徴的な農林水産物、鉱工業品、その生産技術・産地技術、観光資源を「地域資源」として指定（国が認定）
②中小企業が立案する「地域資源を活用した事業計画」を審査・認定「地域ブランド」を育成・支援

支援策は、下記のとおりです。
・試作品開発などに対する補助金、設備投資減税、政府系金融機関による融資、信用保証枠の拡大、専門家によるアドバス
・中小企業基盤機構、国際観光振興機構による販路拡大支援

　海外市場も視野に入れた支援策として、中小企業庁から日本商工会議所、全国商工会連合会への委託事業の「JAPANブランド育成支援事業」があります。

(3)「地域ブランド」の保護

　「地域ブランド」を適切に保護するため、商標法を改正し、地域の名称と商品（サービス・役務を含む）の名称などからなる商標、すなわち「地域団体商標制度（平成2006年4月施行）」がスタートしました。

　地域団体商標制度が施行される以前に比べ、短時間で商標登録を受けることができるようになりました。

(4) 2つの「地域ブランド」

　「地域ブランド」には2つの意味があります。広義には「地域そのもののブランド・イメージ」であり、狭義には「その地域から生まれた商品（サービス）」です。2つが融合され、「地域ブランド」が形成されます。例えば、"讃岐うどん"や"京野菜"などです。

　地域名称が知られているだけや、地域名をつけた特定の商品が売れているだけでは効果はありません。2つの「地域ブランド」が互いに影響

し合って、地域全体の評価が高まり相乗効果を出すことが重要です。(図8-01参照)

(5)「特産品」と「地域ブランド」の違い

従来の特産品と地域ブランドを比較すると、次のような特徴があります。

① 「特産品」の特徴
・全国的に似たものが多く、差別化できていない
・個々の商品展開がバラバラで、地域経済への波及効果が小さい
・地域の資源を作り手の都合で活用している

② 「地域ブランド」の特徴
・商品に統一イメージがあり、地域外から高い評価を得ている
・地域イメージを想起させ、地域への経済波及効果が大きい

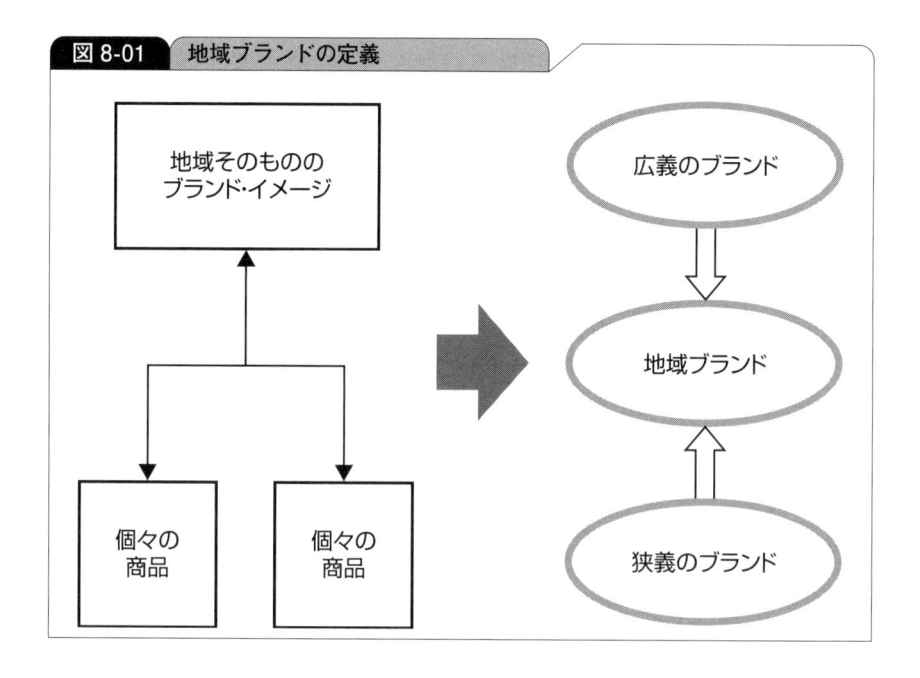

図 8-01　地域ブランドの定義

・優位性のある商品の継続提供ができる

(6)「地域ブランド」の要件

　「地域ブランド」は、一般企業のブランドと異なり、商品やサービスに価値があるだけでなく、「地域」の公共性を意識しなければなりません。

　「商品・サービスのブランド」と背後にある「地域イメージのブランド」が相互に影響し合って形成されるものです。

　真の「地域ブランド」は、これらの背景とともに、消費者が認める価値により、消費者から信頼をかち得たものでなければなりません。

　農水産物を例にとれば、以下の要件を備えることが必要です。（図8-02参照）

図8-02　地域ブランドの要件

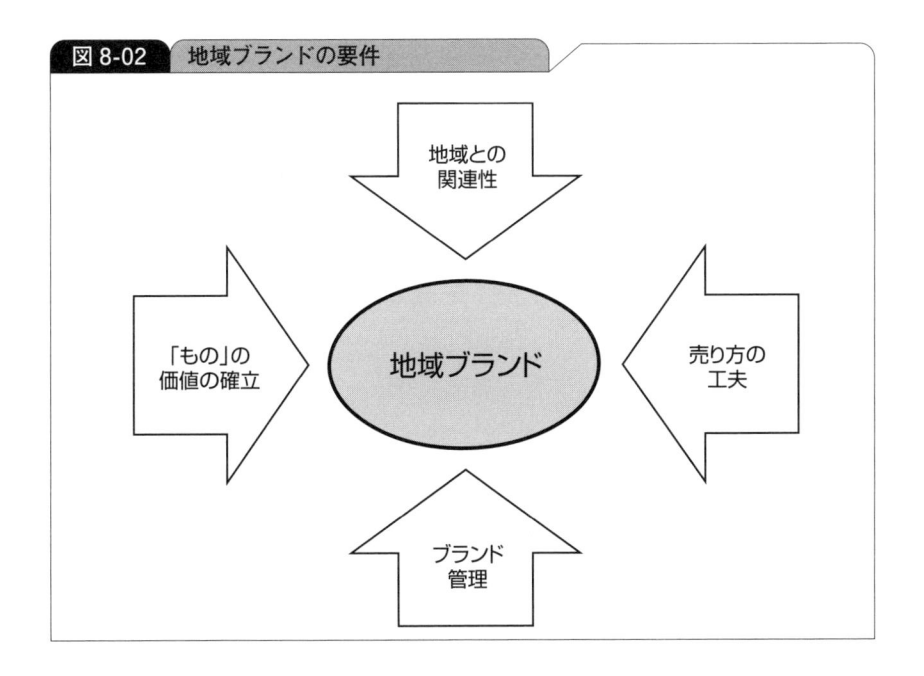

- 地域との関連性
- 「もの」の価値の確立
- 売り方の工夫
- ブランド管理

→ 地域ブランド

PART 8　地域ブランド戦略

section 2　地域ブランド戦略

地域団体商標制度

(1) 地域団体商標制度とは

　地域団体商標とは、「地域の名称及び商品又は役務の名称等からなる商標」をいい、その保護・育成を図る「地域団体商標制度」は、2006年4月「商標法の一部改正」によりスタートしました。目的は、地域団体の「地域ブランド」を保護・育成することにより、事業者の信用の維持を図り、競争力強化と地域経済の活性化を支援することにあります。

(2) 従来の制度と問題点

　「地域ブランド化」の取り組みでは、「地域名」と「商品（サービス）名」とを組み合わせた商標が数多く用いられています。しかし、改正前の商標法では、このような商標は、一定の要件を満たす場合を除き、識別力を有しない、また、特定の者の独占になじまない、といった理由により、商標登録を受けることができませんでした。識別力とは、商標が登録されるための要件（登録要件）のひとつであり、同種の商品（役務）について、自己の取り扱う商品（役務）と他人の取り扱う商品（役務）とを区別できる力をいいます。

　このことから、「地域名」と「商品（サービス）名」からなる商標の登録を受けることができるのは、
①使用の結果、全国的な需要者との関係において、出所識別機能を有するに至った場合
②他との識別力のある図形や文字を組み合わせた場合
に限られていました。

このため、地域ブランドを文字商標として登録するためには、通常、全国的な知名度を獲得するための長期の営業努力および多額の投資が必要であり、しかも、登録までの間の第三者の便乗使用を排除できないという問題がありました。

また、図形等を組み合わせた商標で、
① 第三者が、当該図形等の部分を意図的に別の図形等に変えて地域ブランドを使用する場合
② 単に、当該ブランドの文字部分のみを便乗使用する場合
には、商標権の効力が及ばないという問題がありました。

(3) 改正前に商標登録した商標

「商標法」の改正前に商標登録が認められたものには、全国的な知名度を獲得したことにより、特定の事業者の商品であることが識別できる場合として下記の例があります。

① **文字のみで商標登録した例**
・農産物等：夕張メロン、前沢牛、佐賀牛
・加工品、工業製品等：信州味噌、三輪素麺、佐賀海苔、笹野彫
・伝統工芸：西陣織
・役務：宇都宮餃子、富士宮やきそば 等

② **図形等を組み合わせて商標登録した例**
・農産物等　　：関あじ・関さば、山形牛、宇治茶等
・加工品、工業製品等：草加せんべい、稲庭うどん、仙台みそ、
・伝統工芸　　：大島紬、有田焼、大館曲げわっぱ 等

(4)「地域団体商標制度」の概要
①新制度の概要

次の要件が備わった地名入り商標は、「地域団体商標」として登録することが認められることになりました。

・地域の名称及び商品又は役務の名称等からなる商標(地名入り商標が)、事業協同組合や農業協同組合等によって、地域との密接な関連性を有する商品に使用されていること
・商標が一定程度の範囲で周知となった場合

ここでいう、地域の名称及び商品又は役務の名称からなる商標は、次のように類型化されます。

　類型1例　○○ハム、○○うどん
　　〔地域の名称〕+〔商品(役務)の普通名称〕
　類型2例　○○焼、○○織
　　〔地域の名称〕+〔商品(役務)の慣用名称〕
　類型3例　○○産のアジの干物、本場○○織
　　〔地域の名称〕+〔商品(役務)の普通名称〕又は
　　〔商品(役務)の慣用名称〕
　　+〔産地を表示する際に付される
　　文字として慣用される文字〕

なお、地域団体商標の出願前から同一の地名入り商標を使用している第三者は、自己のためであれば当該商標を引き続き使用することができます。地域団体商標が登録された後に、①周知性や地域との関連性が失われた場合、②商品の品質の誤認を生じさせる不適切な方法で使用した場合には、取り消し審判の対象となります。

(5) 地域団体商標登録の要件

「地域団体商標制度」とは、地名と商品名を組み合わせた商標（地域名＋商品（役務）名等の文字のみ）が、早期に登録を受けられるようにすることにより、地域ブランドの育成に資することを目的としたものです。

　地域団体商標の登録に際して、
・主体（注1）が要件に適合している
・構成員の加入自由の担保規程が必要であること
・周知性の要件（隣接都道府県の範囲）を満たしていること
・当該商品が地域と密接な関連性を有していること
といった要件について審査を行い、地域の事業者が一体となって取り組む「地域ブランド」の保護を図ることとしています。

　（注1）事業協同組合など特別法により設立された組合で、具体的には事業協同組合、漁業協同組合、農業協同組合、森林組合、酒造組合、商店振興組合、水産加工協同組合、商工組合などを指します。

①地域団体商標登録を受けることができない者

　次の者は、地域団体商標登録を受けることができません。

　　個人、地方自治体、社団法人、財団法人、株式会社、NPO法人及び商工会議所

　但し、「地域団体商標」の主体の構成員としての資格で、また地域団体商標の権利者から通常使用権の許諾を得て、使用することはできます。

②地域団体商標登録の効力

　商標権の存続期間は10年ですが、更新することができます。商標権者は、他人による商標の便乗使用を排除できます。すなわち、他人による商標の便乗使用に対し、次の請求ができます。

イ、使用の差し止めを請求（侵害の停止または予防の請求）
ロ、商標が付された商品や製造設備の廃棄を請求
ハ、商標権者に生じた損害の賠償を請求

section 3　地域ブランド戦略

地域ブランド育成ステップ

(1) 地域ブランド化のステップと課題

　「地域ブランド」の育成には、地域の独自性を活かした取り組みと、全体と将来を見通した戦略が必要です。（図8-03参照）

①地域の産品または地域との結びつきの発掘

　地域ブランドの育成には、次の要件が必要です。

・地域の産業等の現状・課題を認識する
・地域との自然的、歴史的、風土的、文化的、社会的結びつきのある産品を発掘する
・既存の商品に地域との結びつきを見出す

②「地域」の範囲を明確化

　「地域」は、必ずしも行政区画で区分するものではありません。商品と地域の結びつきで決めるべきものです。

③「もの」の価値の明確化

　商品の基本的価値が何であり、どのような特徴を持っているか、または持たせるか、地域との結びつきを意識して明確にしておく必要があります。その際、試験研究機関と連携して、次のことに取り組む必要があります。

・付加価値を新たに加えた商品および新商品や新品種の開発
・高品質な商品を安定的に生産・栽培する技術の確立
・特徴を消費者に伝えるデータを揃える取組み

④全体を見通した戦略の確立と取組体制の整備

　取組の方向性と全体を見通した次のポイントを重点として、戦略を明

図 8-03　地域ブランド育成ステップと課題

①「地域の産品」と自然等地域の結びつきの再確認
②地域の範囲の明確化
③「もの」の価値の明確化
④目指す方向の明確化、戦略の確立、取組体制の整備

【流通・販売】
⑤ブランド・コンセプトの明確化と販売戦略の確立
⑥消費者訴求戦略
⑦商標権獲得と管理

【生産体制・品質確立】
⑧生産量の確保、技術の標準化、生産体制の整備と品質維持・向上

⑨ブランドの維持、継続管理

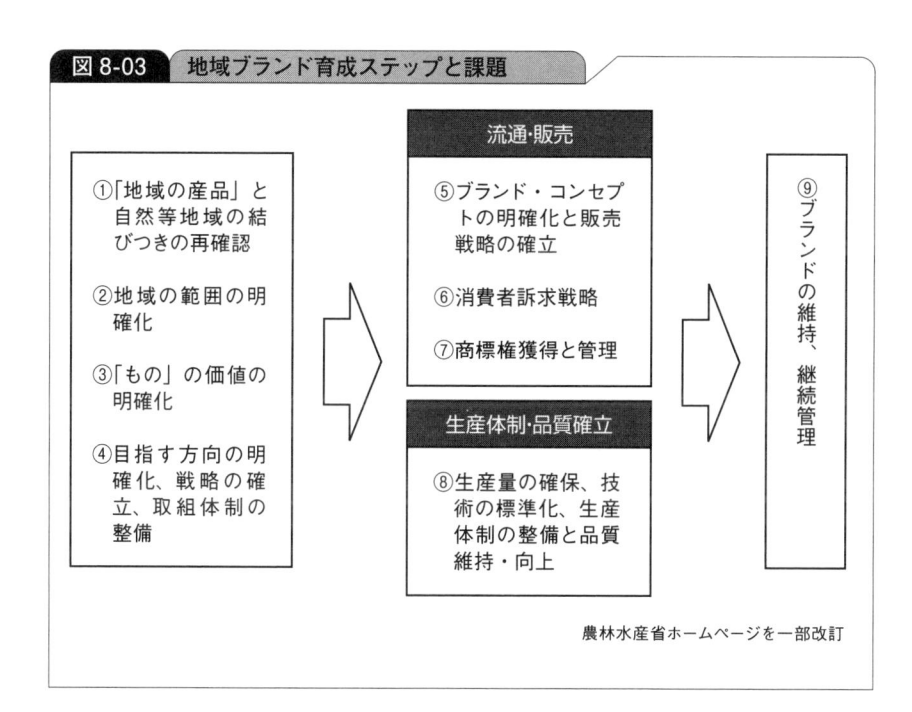

農林水産省ホームページを一部改訂

確化し、生産者が組織する団体や関係者で共有し、取組体制を明確にして進めることが重要です。
・地域ブランド化の目的は何か
・地域としてどのようなブランド化を進めていくのか
・取組みを長期的・継続的に実行できる組織体制はどうするか
・具体的な活動を推進する母体、担当はどうするか

⑤ブランド・コンセプトの明確化と販売戦略の確立

　さまざまな販売ルートが考えられます。商品に最も適した販売チャネルを選択し「ブランド価値の向上」に適した販売戦略を確立する必要があります。その際、ブランド・コンセプトを明確にしておく必要があります。
・ターゲットとする市場・顧客層

・提供する品質・機能
・販売する手段・方法

⑥「地域ブランド」の情報伝達の戦略化

　標的市場や標的顧客に訴求し、「地域ブランド」の情報を的確かつ効果的に伝えるための戦略を策定する必要があります。

・名称やマークのつけ方
・パッケージなどのデザイン
・標的市場・顧客への説明・アピールするための方策・手段

⑦名称・マークの管理

　名称やマークの仕様・基準を明確化し、遵守体制を作り、管理されたものが消費者まで確実に届くようにすることが重要です。模倣品によるブランド崩壊を防止し、戦略的に販売するために、名称やマークについて商標権の取得による保護体制を確立しておく必要があります。

⑧生産体制と品質の維持・向上

　販売戦略やブランド・コンセプトに沿って生産量を確保するという「産地」としての生産体制の整備が必要となり、ポイントは次の通りです。

・組織団体内での情報交換の円滑化と情報の共有
・生産技術の標準化のための試験研究機関や普及指導センターからの指導を受けるなどの支援体制の構築
・消費者の信頼を得るための生産基準、出荷基準や品質管理体制の確立

⑨ブランドの維持・継続管理

　消費者に浸透したブランドは、信頼を裏切らないようにブランドを管理することが必要です。品質や名称・マークを継続的に管理するとともに、権利侵害がないように監視体制を構築し、管理していくことが大切です。

　さらなる「地域ブランド」の市場浸透・拡大をはかるためには、実行状況を検証し、「地域ブランド化」活動にフィードバックさせることが

大切です。ポイントは次の通りです。

・取組みについての効果確認と問題点と課題の抽出

　外部からの視点で活動を検証することが効果的であり、効果と問題点を取組みにフィードバックさせて、継続的な改善に取り組むことが重要です。

・継続的な商品の改良や関連商品の開発・販売

　市場に浸透したブランドであっても、いつも同じ商品しか提供できないと、消費者に飽きられ、消費者ニーズに合わなくなってしまいます。商品を改良し、消費者ニーズに合わせて提供の仕方を変えることが重要です。

・関連商品の開発・販売

・売り方を変えてみる等の発想の転換

・ブランド・コンセプトの見直しと新たな戦略の策定

section 4　地域ブランド戦略
地域ブランドの例

(1) 地域団体商標登録の状況

平成18年4月に導入された「地域団体商標制度」は、2009年12月現在444件が登録されています。出願件数は、2009年12月末現在、約3年間で918件が出願されています。

特色ある地域づくりの一環として、地域の特産品等を他の地域のものと差別化するための地域ブランドづくりが、全国的に盛んになっています。地域ブランド化の取組みでは、地域の特産品に産地の地域名を付す等、地域名と商品名からなる商標が数多く用いられています。

図8-04　地域団体商標 都道府県別出願状況

2009年8月末現在

北海道	40	埼玉	8	三重	18	鳥取	4	佐賀	9		
青森	9	千葉	15	富山	11	島根	11	長崎	12		
岩手	9	東京	26	石川	36	岡山	11	熊本	10		
宮城	11	神奈川	15	福井	21	広島	23	大分	10		
秋田	13	新潟	29	滋賀	18	山口	7	宮崎	12		
山形	19	長野	24	京都	142	香川	4	鹿児島	18		
福島	10	山梨	9	大阪	11	徳島	8	沖縄	38		
茨城	5	静岡	23	兵庫	54	高知	7	その他	4		
栃木	7	愛知	30	奈良	14	愛媛	10	合計	908		
群馬	10	岐阜	38	和歌山	14	福岡	21				

出典：特許庁ホームページ

都道府県別の出願状況は、図8-04の通りです。出願件数が最も多いのは、伝統工芸品中心の京都府です。第2位は一次産業が盛んな北海道、第3位は伝統工芸品、農産品が多い岐阜県と続きます。東北6県や九州地区では一次産業が中心であり、北陸3県は伝統工芸品の出願が多くみられ、東京地区ではいわゆる江戸物の出願数が多く、各地域の産業の特色が現れています。

　分野別の出願・登録の動向は、図8-05の通りです。農産品、水産品、加工食品の出願件数が約68％を占めています。登録件数では、農産品、水産品、加工食品が約53％と過半を占めています。

注）加工食品には菓子、麺類、酒類を含み、工業製品には工芸品、焼物が含まれます。

(2)「地域ブランド」の例

図8-05　分野別の出願・登録件数の状況

分野	出願件数 件数	出願件数 %	登録件数 件数	登録件数 %
農水産一次産品	430	47.3	150	35.3
加工食品	104	11.5	47	11.1
菓子	31	3.4	9	2.1
麺類	35	3.9	7	1.6
酒類	18	2.0	11	2.6
工業製品	229	25.2	170	40.0
温泉	44	4.8	28	6.6
その他	17	1.9	3	0.7
合計	908	100.0	425	100

出願件数は2009年8月末現在
登録件数は2009年6月16日現在

出典：特許庁ホームページ

登録された「地域ブランド」は、次のような特徴が見られます。

　第一次産業品にあっては特色ある自然、気候風土によって生み出された"自然の恵み"を活用しています。また、天然産品に付加価値を高める活動を進め、他の地区の商品と差別化して市場に浸透・拡大しています。工芸品、工業用品は、歴史と伝統に培われた産地技術を基礎に、消費者の生活ニーズに応える工夫がなされ、新しい商品として今日の消費生活に息づいています。

①江戸切子（えどきりこ）
　・商標

江戸切子

・権利者：東京カットグラス工業協同組合
・商品指定又は指定役務
　　東京地方に由来する製法により東京都江東区、墨田区、葛飾区、江戸川区及びその周辺で生産されたガラス製の徳利・盃・皿・銚子など
・特徴：江戸切子の歴史は古く、天保5年加賀屋久兵衛が金剛砂を用いてガラス面に彫刻を施したことが始まりとされ、江戸時代後期、庶民の間に広く受け入れられました。以来、今日までその技術・技法が受け継がれ、現在は新しいデザインを取り入れ、江戸の粋を現代のお客様にも愛されるよう努力しています。江戸切子は、経済産業大臣指定伝統的工芸品、東京都指定伝統工芸品に指定されて、東京のブランド品として親しまれています。素材は、透明なガラスと色を薄く被せた色被せ硝子があります。

②仙台味噌（せんだいみそ）、仙台みそ（せんだいみそ）
・商標

仙台味噌

- 権利者：宮城県味噌醤油工業協同組合
- 商品指定又は指定役務
  仙台藩に由来する製法により仙台を中心とした宮城県内で生産された「みそ」
- 特徴：「仙台味噌」の由来は、伊達政宗公が携帯食糧として領内産業振興を目指し、日本で最初の工業生産となる「御塩噌蔵（おえんそぐら）」を設け、品質向上に努めたのが始まりと言われています。当時、米や塩は貴重な戦略物資でしたが、米麹（こめこうじ）や塩をふんだんに使って長期間熟成した「仙台味噌」は、大豆の旨味と塩味が調和した風味となり、赤味噌の代表として現代に続いています。

③高岡銅器
　・商標

高　岡　銅　器

・権利者：伝統工芸高岡銅器振興協同組合
　　　　　高岡銅器協同組合
・商品指定又は指定役務
　富山県高岡地域で銅合金により製造されたネームプレート及び表札・銘板・彫刻・小立像・胸像・大仏・仏像・梵鐘・灯ろう・置物・壁面飾り
　富山県高岡地域で銅合金により製造された花瓶及び水盤・花器・額皿・風鈴・香炉・香立・ろうそく消し及びろうそく立
・特徴：高岡は、全国に知られた"ものづくりの町"です。加賀藩二代目藩主前田利長公が、慶長14年（1609年）高岡の町を開いた時、町発展のための産業振興策として、城下に7人の鋳物師（いもじ）を呼び寄せ、現在の高岡市金屋町に土地を与え、鋳物工場を開設したことから鋳物の技術が根づいています。1975年には「国指定伝統的工芸品」の第一次産地指定を受けました。現在では茶器や花器、仏具から銅像・梵鐘等に至るまで、時代のニーズに合ったものづくりを続け、数多くの素晴らしい製品が製造・販売されています。

④紀州みなべの南高梅
　・商標

　　紀州みなべの
　　南高梅

・権利者：みなべいなみ農業協同組合
・商品指定又は指定役務
　　和歌山県みなべ地方産の南高梅を主要な原材料とする梅干
　　和歌山県みなべ地方産の南高梅
・特徴：　和歌山県の中央部に位置した「JAみなべいなみ」の地域は、黒潮暖流の恩恵を受けて梅、豆花、ミニトマトのブランド産地です。「紀州みなべの南高梅」の特長は、花は白色一重で、2月上旬から下旬に開花します。大粒で平均25g～35g、皮が柔らかく果肉が厚く、梅干や梅ジュース、梅サワー、梅酒等、すべてに適応する優れ物です。果肉の色は緑色ですが、適熟に近づくと黄色味を増し、日光のあたる所は鮮やかな紅色に変わります。梅は、健康管理に利用したい古くて新しい食材として賞味されています。

section 5 　地域ブランド戦略

JAPAN ブランドの育成

(1) JAPAN ブランドとは

「JAPANブランド」とは、日本各地の歴史や文化に育まれてきた素材や伝統的な技術を生かした、日本らしさを表現しつつ「世界のマーケットで通じるブランド」をいい、中小企業庁から育成支援事業の対象として認定されたブランドです。

JAPANブランド育成支援事業は、「地域の中小企業ならではの価値」を進化させていくことで、国内だけでなく海外の市場で通用する商品やサービスの実現を図ることを目指しています。地域のブランドの確立、経営基盤の強化、地域経済の活性化への貢献も目的としています。

(2)「JAPAN ブランド」のコンセプト

地域の歴史や文化の中で育まれてきた素材や技術を「強み」と捉え、地域の中小企業が国境を越えて発揮できる「地域の中小企業ならではの価値」として、次の3つをコンセプトとしています。
① 「匠の品質」地域で育まれてきた伝統や技
② 「用の美」日本人が日々の実用の中で鍛えあげた美しさ
③ 「地域の志」日本各地の多様な自然、伝統、文化、暮らし

(3)「JAPAN ブランド」の方向性

「JAPANブランド」育成支援事業では、自らの商品やサービスを継続的に「進化」させていくことを考え、「JAPANブランド」の目指す方向を「新しい伝統の創造」として、次の3つをあげています。

①現代の生活の中で、実用性と美しさを兼ね備えた新鮮さを発揮する
②国内外の市場で通用するよう、商品・サービス、事業の魅力を高める
③一貫性と持続性を持って「地域ならではの価値」を形にする

　以上を進化させ、伝統や技術・技能を育むことを目指しており、ものづくりと地域に対する愛着、誇り、責任感を保持することによる、市場ニーズへの恒常的な対応とコンセプトの進化が重要です。

(4)「JAPANブランド」育成支援のしくみと支援事業

　地域の地場産業、伝統産業を復興・活性化し、ブランドとして確立し将来の地域産業として開花させるために、最長4年間にわたる継続的な支援を受けることができます。（図8-06参照）
　支援事業には、次の3つの施策があります。
①「中小企業地域資源活用プログラム」との連携
②「地域資源活用企業化コーディネート活動支援事業（中小企業基盤整備機構）」からの支援
③「小規模事業者新事業全国展開支援事業（日本商工会議所、全国商工会連合会）での展開

(5)「JAPANブランド」育成支援事業活用の成果

　「JAPANブランド」支援事業を開始して3年間取り組んだ地域は、全国で31地域あり、成果は次の通りです。
①商品の特徴づけ、差別化要因の明確化とデザインの確立
②指名買いを受けるブランド力の確立
③海外市場での販売パートナーの確保による海外売上高の増加
　売上高実績は、支援事業開始時点で売上高100万円未満の地域が26と約84%を占めていましたが、現在は売上高1,000万円以上の地域が8地域と26%を占めるようになり、多くの地域で進展が見られます。

図 8-06　JAPANブランド育成支援事業の取組モデル

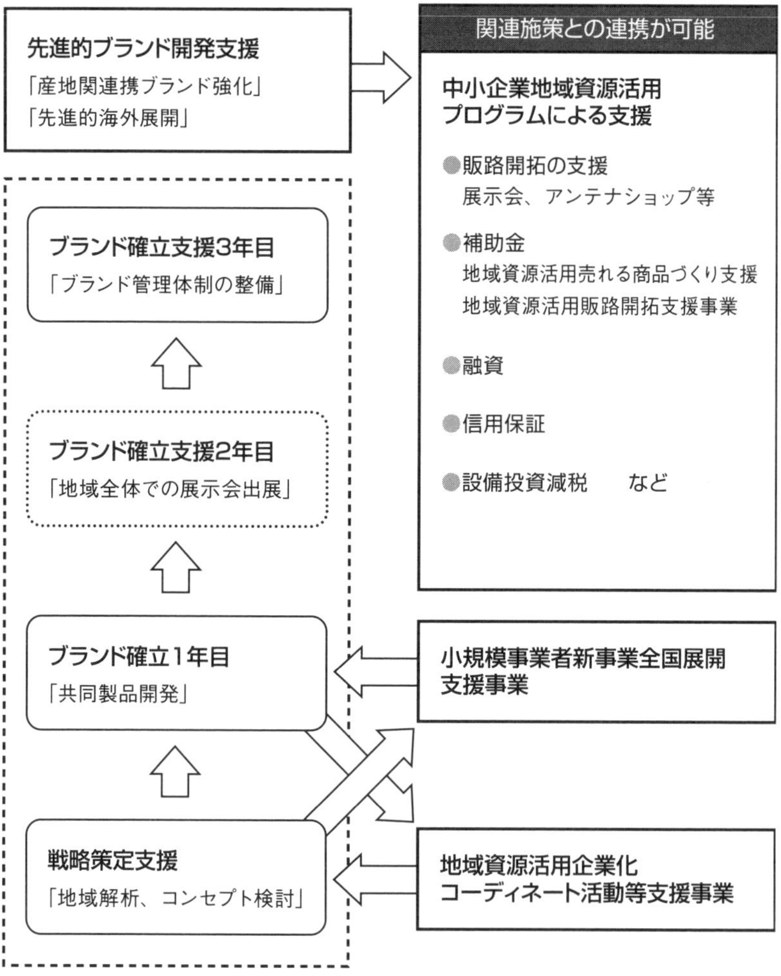

先進的ブランド開発支援
「産地関連携ブランド強化」
「先進的海外展開」

→ **関連施策との連携が可能**

中小企業地域資源活用プログラムによる支援

- ●販路開拓の支援
  　展示会、アンテナショップ等
- ●補助金
  　地域資源活用売れる商品づくり支援
  　地域資源活用販路開拓支援事業
- ●融資
- ●信用保証
- ●設備投資減税　　など

ブランド確立支援3年目
「ブランド管理体制の整備」

↑

ブランド確立支援2年目
「地域全体での展示会出展」

↑

ブランド確立1年目
「共同製品開発」
← **小規模事業者新事業全国展開支援事業**

↑

戦略策定支援
「地域解析、コンセプト検討」
← **地域資源活用企業化コーディネート活動等支援事業**

出典：JAPANブランド共同事務局編「JAPANブランド育成支援事業活用のためのガイドライン」

(6)「JAPAN ブランド」の事例

　コンセプターを核とした高付加価値型の海外展開を目指す、新たなものづくり方式（カロッツェリア型ものづくり）を構築することにより、地場産業の再生・振興に取り組んだ事例です。山形県の優れた職人技術を結集し、企画デザインから販売までを総合的にプロデュースしています。（※カロッツェリア：イタリア語で（車の）ボディ工房の意味。部品・素材調達からデザイン開発、組立まで地域一体となって推進する北イタリアの伝統的な生産方式。高級車フェラーリも多くのカロッツェリアによって生み出されている）

①JAPAN ブランド育成支援事業３年間の成果
・販売額は、事業開始時点から240百万円増加（海外販売220百万円増加）
・販売代理店は、約120社増加（海外の販売代理店は22社増加）
・新規開発商品は、23点増加

②成功のポイント
・事業全体を統括する人材を配置し、「商品企画から製造・販売までマネジメントし、一貫した事業展開」を進め、ブランドの認知度を高めた。
・販売・プロモーションに明確な戦略を持ち、海外の展示会で評価を得て、評価を国内に還流させ、国内販売活動を強化した。
・営業窓口の体制整備、顧客とのコミュニケーション・システムを構築した。
・小売価格に対応できる商品仕様と製造原価の見直し、生産能力と品質管理基準の作成と遵守の体制を構築した。

section 1　グローバルブランド戦略とは
section 2　欧米企業のグローバルブランド戦略
section 3　日本企業のグローバルブランド戦略

PART 9

グローバルブランド戦略

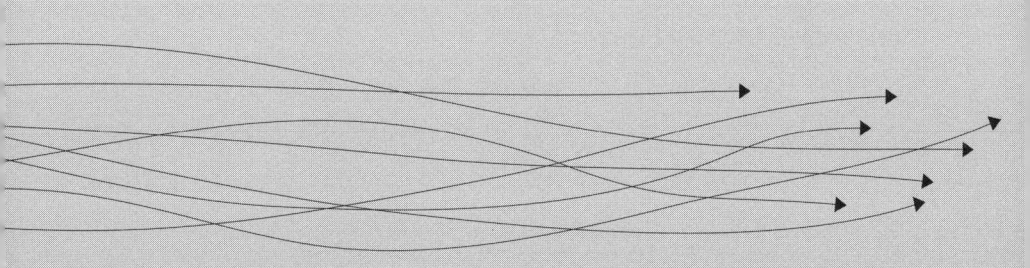

グローバルブランド戦略とは
コカ・コーラ、ウォルマートなどの
グローバルブランド戦略の特徴
日本企業のグローバルブランド戦略

section 1　グローバルブランド戦略

グローバルブランド戦略とは

　松下電器産業は、2008年に社名を"パナソニック"に変更しました。パナソニックはなぜ、伝統ある"松下電器産業"から決別したのでしょうか。実は、グローバルブランド戦略と密接に関係しているのです。本sectionでは、グローバルブランド戦略の重要性について確認します。

(1) グローバルブランドとは
　グローバルブランドとは、世界的に認知され、販売されているブランドをいいます。D.A.アーカーは、グローバルブランドを"ブランドアイデンティティやポジショニング、外観や広告戦略に関して、世界的に統一されたブランド"と定義しています。海外の有名なグローバルブランドとして、コカ・コーラやマクドナルド、ネスレなどがあります。一方、日本企業のグローバルブランドとして、ソニー、トヨタ、前述のパナソニックなどがあげられます。

(2) グローバルブランドの有効性
　企業はなぜブランドを、国内に留めず、グローバル化するのでしょうか。D.A.アーカーは、グローバルブランドの有効性について、次の4つをあげて説明しています。
①規模の経済性
　製品を世界的に大量に扱うため、生産や流通、マーケティング面で規模の経済性を発揮できます。
②ブランド認知の獲得

顧客が海外に旅行したとき、ブランド認知を獲得する上で大きな優位性をもたらします。たとえば、コカ・コーラは世界中で販売されているため、ブランドの認知率が高く、指名買いされることも多いのです。

③有益な連想

グローバルであることが持続性を象徴することに加え、競争力のある製品を作る能力の象徴となります。

④国を連想させる

ある国で強固に確立したブランドは、その国を連想させます。シャネルはフランスの香水を、リーバイスはアメリカのジーンズを、キッコーマンは日本の醤油を連想させます。

一方、グローバルブランドの導入に当たっては、地域や国によって文化や経済状況が異なるため、最大公約数的なマーケティング手法を取らざるを得ないというデメリットもあります。

(3) グローバルブランドの展開戦略

グローバルブランド戦略を展開する方法として、標準化戦略と現地化戦略の2つの方法があります。

①標準化戦略

グローバルブランドの標準化戦略とは、進出国にかかわらず、母国の標準パターンを展開する方法です。コカ・コーラやセブン-イレブン、スターバックスなどの展開は、標準化戦略が採用されました。コカ・コーラは、コーラを中心に、ファンタ、スプライトなどの商品ラインアップ、広告宣伝などの販売促進手法は、米国流を日本に輸出しました。セブン-イレブンは、看板・店舗フォーマット、営業時間、フランチャイズシステムなど、経営の根幹部分はアメリカ流をそのまま持ち込みました。スターバックスも、品揃えや店舗構成は米国流を踏襲し、急速に店舗展開を果たしました。

小川孔輔氏は、標準化戦略の成功条件として、次の2つをあげています。
・母国の文化を背景にしている
・他社が模倣できない独自性を有している
②現地化戦略
　グローバルブランドの現地化戦略とは、進出国の文化や経済状況などの事情に合わせ、マーケティング戦略を変えることです。ウォルマートは、日本進出に当たって、アメリカの既存業態の"ウォルマート"、"サムズクラブ"、"ウォルマート・スーパーセンター"フォーマットの直接進出ではなく、西友を買収する形で、間接的に進出しました。西友は、GMS業態であったため、日本での現地化に苦労しました。

(4) フランチャイズシステムの採用
①フランチャイズチェーンとは
　アメリカ生まれのケンタッキーフライドチキンは、世界初のフランチャイズといわれています。1960年に不二家が展開したチェーン店が、日本で最初のフランチャイズといわれています。
　フランチャイズチェーンとは、小売業やサービス業の店舗展開の一形態です。本部と加盟店がフランチャイズ契約を結び、本部（フランチャイザー）が加盟店（フランチャイジー）に経営ノウハウの一式を与え、加盟店は本部に対し、対価として加盟金やロイヤルティなどを支払う形態です。フランチャイズチェーンは、本部と加盟店の役割が明確に分かれていることが特徴です。フランチャイズチェーンを統括する（社）日本フランチャイズチェーン協会は、「フランチャイズ」を次のように定義しています。
　"フランチャイズとは、事業者（「フランチャイザー」と呼ぶ）が他の事業者（「フランチャイジー」と呼ぶ）との間に契約を結び、自己の商標、サービスマーク、トレード・ネームその他の営業の象徴となる標識、お

よび経営のノウハウを用いて、同一のイメージのもとに商品の販売その他の事業を行う権利を与え、一方、フランチャイジーはその見返りとして一定の対価を支払い、事業に必要な資金を投下してフランチャイザーの指導および援助のもとに事業を行う両者の継続的関係をいう"

　小川孔輔氏は、ブランドとの関係でフランチャイズシステムを"ブランド化されたサービスを、地政学的・文化的事情が異なるさまざまな地域に展開するために考え出された方法"と定義しています。

　マクドナルドやセブン-イレブンなど、グローバルブランド戦略を展開する本部企業は、エリアフランチャイズ契約をある一企業と結び、その国での独占的な店舗展開の権利を与えています。

②本部のメリット・デメリット

　フランチャイズシステムを導入する本部のメリット・デメリットをあげると、次のようになります。

＜メリット＞
・低コストで事業展開ができる
・新規事業を急速に拡大し、ブランド力を確立できる
・リスクが少なく、安定的なロイヤルティ収入が見込める

＜デメリット＞
・フランチャイジーにばらつきがあると、ブランド・イメージが傷つく恐れがある
・不振店があっても、すぐに経営者を変更したり、店舗を閉鎖できない

③加盟店のメリット・デメリット

　一方、フランチャイズシステムに加盟する加盟店のメリット・デメリットをあげると、次のようになります。

＜メリット＞
・ビジネスノウハウを短期間で容易に身につけられる
・本部のブランド力、マーケティング力によって、初期段階から安定し

た経営が期待できる

＜デメリット＞

・経営の自由度が少ない

・契約期間中の解約が難しい

(5) ライセンス契約でグローバルブランドを活用

　ライセンスを大辞林で引くと、"許可、免許。またはそれを証明する文書"と載っています。ライセンス契約とは、「特許権者、著作権者、またはノウハウ等営業秘密の保有者（ライセンサー）と、それらの実施許諾を受けること（ライセンシング）を希望する者（ライセンシー）との間で締結される実施許諾契約」です。ライセンサーがライセンシーに対し、法的に保護されたライセンスを供与することによって、ライセンシーはライセンスを実施・利用することができ、その対価として、ライセンス料やロイヤルティを支払う契約です。

　ライセンス契約の内容は、実施許諾すべき権利の内容、実施許諾の対価であるロイヤルティ、改良技術の取り扱い、保証条項、ライセンシーの秘密保持義務等が定められています。新規にブランドを開発するために、時間とコストが莫大にかかるため、海外企業のブランドをライセンス契約で譲り受け、ブランドを展開するケースが多くなっています。契約当事者が、ライセンスを交互に与え合う契約を、クロスライセンス契約といいます。

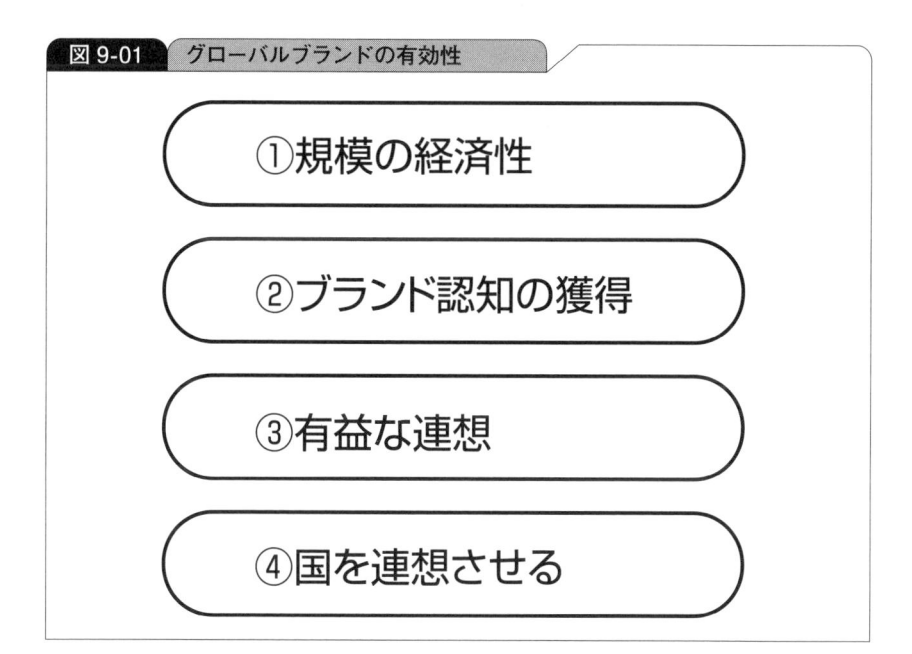

図 9-01　グローバルブランドの有効性

- ①規模の経済性
- ②ブランド認知の獲得
- ③有益な連想
- ④国を連想させる

図 9-02　フランチャイズ契約とライセンス契約

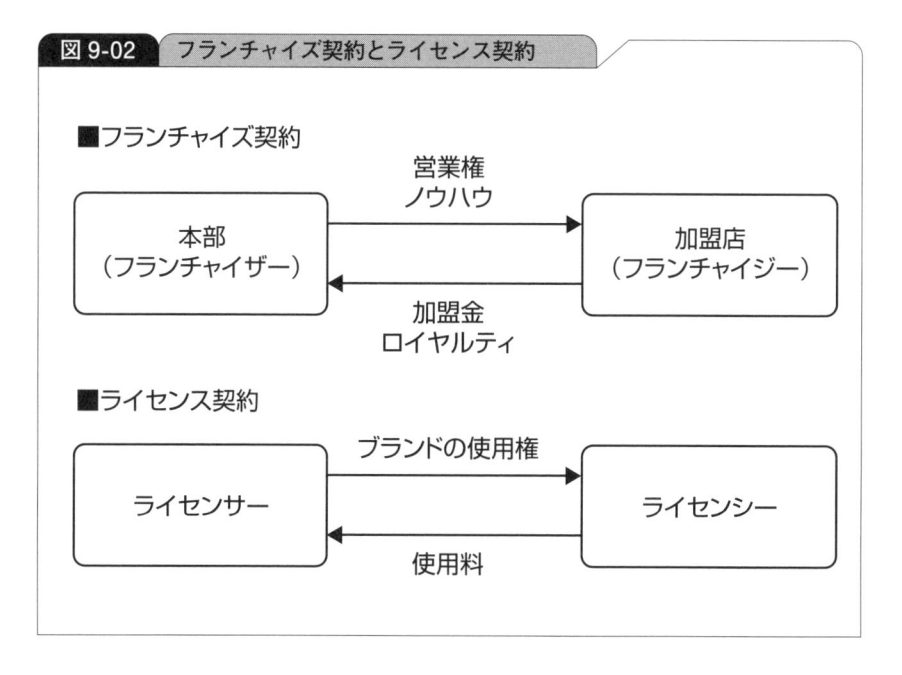

■フランチャイズ契約

本部（フランチャイザー） →（営業権・ノウハウ）→ 加盟店（フランチャイジー）
加盟店 →（加盟金・ロイヤルティ）→ 本部

■ライセンス契約

ライセンサー →（ブランドの使用権）→ ライセンシー
ライセンシー →（使用料）→ ライセンサー

PART 9　グローバルブランド戦略

section 2　グローバルブランド戦略

欧米企業のグローバルブランド戦略

　欧米企業のグローバルブランド戦略は、日本企業に比べ、一歩先を行っていました。しかし、最近は日本企業のグローバルブランド戦略も進んできており、グローバル市場で熾烈な競争が展開されています。欧米企業のグローバルブランド戦略を、先進事例を中心に確認しましょう。

(1) コカ・コーラのグローバルブランド戦略

　コカ・コーラは、グローバルブランド戦略の展開にあたって、標準化戦略と現地化戦略をうまく使い分けています。アメリカのコカ・コーラ（The Coca-Cola Company）は、世界を代表するグローバル企業です。日本市場へは、戦後進駐軍へのコカ・コーラの供給からスタートし、1956年日本初の東京飲料株式会社（現東京コカ・コーラボトリング）を設立、1962年に"スカッと爽やか、コカ・コーラ"のキャッチコピーのテレビCMを開始しました。1975年缶コーヒーの"ジョージア"の発売、1993年"爽健美茶"の発売と、日本独自製品の発売が続きました。現在、コカ・コーラは日本の清涼飲料業界でトップシェアを誇っています。日本では、お茶やコーヒーなどの非炭酸系飲料の販売構成比が高く、コカ・コーラの全商品に占めるコーラのシェアは20％弱に留まっています。コカ・コーラは、グローバルブランド戦略の展開にあたって、標準化戦略と現地化戦略をうまく使い分けています。

　1990年代以降、効率化やコスト削減などの目的で、国内のボトラーの再編が進みました。当初、国内に17あったボトラーは、現在12に集約されました。アメリカ本社は、日本の成功に学び、アンカーボトラー

制度を導入しています。

(2) ウォルマートのグローバルブランド戦略

　ウォルマートは現在、全世界15ヶ国で店舗展開する世界一の小売企業です。海外進出には、早くから取り組みました。ウォルマートが海外進出を手がけた要因は、①アメリカ国内に大型店の出店を規制する動きがあったこと、②国内市場において上位企業による集中化が進んでいたこと、などをあげることができます。ウォルマートは、海外進出に当たって標準化戦略と現地化戦略を旨く使い分けています。標準化戦略とは、アメリカ版の標準フォーマットを遵守する方式です。現地化戦略とは、出店した地域の風土、やり方を取り入れて浸透させていく方法です。進出国の状況に応じて、合弁や買収、直接投資などあらゆるタイプを柔軟に採用します。

　日本へは、西友を買収する形で進出しました。ウォルマートは、多業態戦略とグローバルソーシングを展開していることでも有名です。自社のグローバル調達部門の専門チームが、17の調達拠点をベースに、50ヶ国以上の国々をネットワークして、全世界のサプライヤーと電子商取引を行っています。エコ活動にも熱心で、「再生可能エネルギー100％」「廃棄物ゼロ」「商品における資源・環境配慮の追求」を掲げています。

(3) ハイアールのグローバルブランド戦略

　ハイアール（海爾集団）は、中国の家電業界の最大手メーカーです。現在生産している製品群は、冷蔵庫・洗濯機などの白物家電、テレビ、エアコン、パソコンなどで、世界165ヶ国以上で販売しています。2008年度の連結売上高は約1,220億元（約18,300億円）、冷蔵庫と洗濯機のブランドマーケットシェアは、世界一位を誇っています。CEOの張瑞敏氏は、"国際市場で競争を勝ち抜けるのはブランドだけ"と、グローバ

ル化と情報化を積極的に推進しています。
①第一の戦略（1984〜1991）
　品質重視の戦略を貫くことで、ハイアール（海爾）ブランドを中国最大の家電ブランドにしました。
②第二の戦略（1992〜1998）
　サービス向上を要する「多角化戦略」と、ブランドと競争力をともに強化する戦略を採用しました。
③第三の戦略（1999〜2005）
　国際化戦略を推進し、国内でのリーディングポジションを強化しました。
④第四の戦略（今後）
　積極的な海外進出により、グローバルブランド戦略を強化し、本格的な国際競争に打って出ています。
　張瑞敏氏は、グローバル戦略とグローバルブランド戦略は、根本的なところで異なると考えています。アメリカ市場では、あえて小型冷蔵庫で進出し、成功を収めました。初級・入門機により各国の市場に参入した上で、中級・上級へと品揃えを広げていくのが中国以外の地域の基本的な戦い方です。日本市場へは、2002年に三洋電機と合弁会社を設立しましたが、2007年に合弁を解消し、現在ハイアールジャパンセールスが輸入販売を行っています。

図 9-03　コカ・コーラのグローバルブランド戦略

コカ・コーラ本社 → 日本コカ・コーラ → 当初全国に17のボトラー → 現在12に集約

コカ・コーラ本社
- 標準化戦略
- 現地化戦略

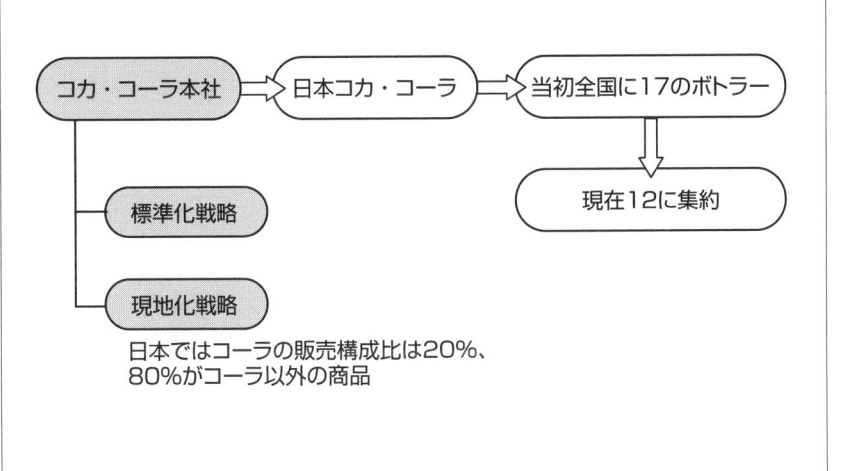

日本ではコーラの販売構成比は20％、80％がコーラ以外の商品

図 9-04　ウォルマートの現地化政策

ウォルマートの標準化戦略
- アメリカ版の標準フォーマットを展開
- グローバルソーシングの展開

ウォルマートの現地化戦略
- 日本では西友（GMS業態）を買収
- 多業態戦略

section 3 　グローバルブランド戦略
日本企業のグローバルブランド戦略

　日本企業のグローバルブランド戦略は、欧米企業をキャッチアップする形で進んできました。日本企業を代表する、花王やパナソニック、ユニクロの事例を中心に、日本企業のグローバルブランド戦略を見ていきましょう。

(1) 花王の標準化戦略と現地化戦略
①標準化戦略
　花王は、グローバル化への対応として、地域別あるいは製品別に戦略を立てています。例えば、アジア・オセアニア地域では、花王ブランドを強く押し出し、日本国内とほぼ同様の製品群を販売しています。そのため、デザインなどを共通化しつつ、表記に現地語を用いた商標を利用する製品が多いのです。
②現地化戦略
　一方、欧米では、パーソナル・ケア事業が中核にあり、M&A（企業買収・合併）戦略で既存の製品とそのブランドを取り込む戦略を採用しています。すでに市場が形成されており、消費者に浸透しているブランドを継続して利用することで、事業展開のスピード・アップと顧客認知度を高めることを狙っています。
　ブランドの影響力は、近年、欠陥製品の問題などを通じてマイナスの作用も指摘されており、こうしたリスクが生じないように留意しながら徹底しています。

(2) パナソニックにブランドを統一

　松下電器産業は、2008年10月に社名をパナソニック（Panasonic）に変更しました。しかし、社名の統一に先立ち、グローバルブランド戦略を推進しました。

①グローバルブランドを"パナソニック"に統一

　従来、海外市場はNationalとPanasonicの両ブランドを併用していました。国内市場は、これにTechnicsブランドを交え、3ブランド体制（分割ファミリーブランド戦略）を採用していました。2003年5月、海外市場のブランドをパナソニックに統一し、グローバルブランド戦略を推進しました。ブランド統一の目的は、①グローバルな宣伝やマーケティング投資の分散を避け、経営資源の集中を図る、②ブラックボックス技術に裏打ちされた強い商品のマーケティング展開を世界規模で図る、ことです。2003年5月からブランドスイッチキャンペーンを始め、2004年3月にはブランド変更は無事終了しました。

②"Panasonic ideas for life"の推進

　松下電器産業は、グローバルブランドの統一に当たって、Panasonicブランドの価値を調査分析しました。その結果、消費者がすでに認識している価値と、今後付加しなければならない価値が、次のように明らかになりました。

・既得価値…品質、信頼、安心、安全、愛着
・付加しなければならない価値…先端性、未来感、情緒的な絆

　パナソニックは、ブランドの約束をブランドプロミスとして公表しています。ブランドプロミスを象徴する標語が、"Panasonic ideas for lifeの推進"です。"パナソニックが創るのは、暮らしを輝かせる「アイディア」です。世界中の人々に明日のライフスタイルを提案し、地球の未来と社会の発展に貢献しつづけます。"とホームページで宣言しています。

　パナソニックは、10年後の「電機世界一」の目標を掲げ、グローバ

ルブランド戦略を展開しています。

(3) ユニクロのグローバルブランド戦略

　日本のアパレル業界で一人勝ちを続ける"ユニクロ"のグローバルブランド戦略を考察します。"世界中の人々の生活を豊かにする"を合言葉に、グローバルブランド戦略を展開するユニクロは、当然ですが、時代とともにマーケティング戦略を変えています。

①1980年代まで

　柳井社長がアメリカのGAPなどのSPA（アパレルの製造小売業：Specialty Store Retailer of Private Label Apparel）を視察し、日本でカジュアル衣料の専門店を開設しました。

②1990年代

　SPA化を推進し、国内300店舗体制になりました。SPAとは、製造・小売直結の、アパレル版SCM（サプライチェーンマネジメント）です。

③2000年代初期

　単品ベースのマーチャンダイジングと現代的なマーケティングを展開し、アパレル版の大量生産・大量販売のモデルを構築しました。

　海外展開は、2001年のイギリスを手始めに、2002年上海、2005年香港、ソウルに出店し、2006年にニューヨークに旗艦店を出店しました。2007年にフランスに進出し、2009年にフランスに旗艦店を出店しました。柳井社長は、グローバル旗艦店戦略によって、グローバルブランドとしてのユニクロのポジションを確立させたいと考えています。

　グローバルブランドとして発展するために、ユニクロは商品開発面のグローバル化を推進しています。東京とニューヨークを結んだグローバルR&D体制で、商品開発を行っています。世界中から優秀な人材を採用し、世界のトレンドをいち早くキャッチし、さらに次のトレンドを生み出すパワーを作り出しているのです。

図 9-05　パナソニックのブランド戦略

- 海外市場　⇐ NationalとPanasonicの両ブランド
- 国内市場　⇐ ナショナルとパナソニックとテクニクスの3ブランド

⇓

2008年"Panasonic"に社名変更、ブランドの統一

⇓

"Panasonic ideas for life"の推進

パナソニックの地域別売上高（09年3月期 7兆7,655億円）

- 日本 53
- 米国 11
- 欧州・アフリカ 12
- 中国 11
- アジア・オセアニア 11
- その他 2

出典：2009年11月18日 日本経済新聞朝刊

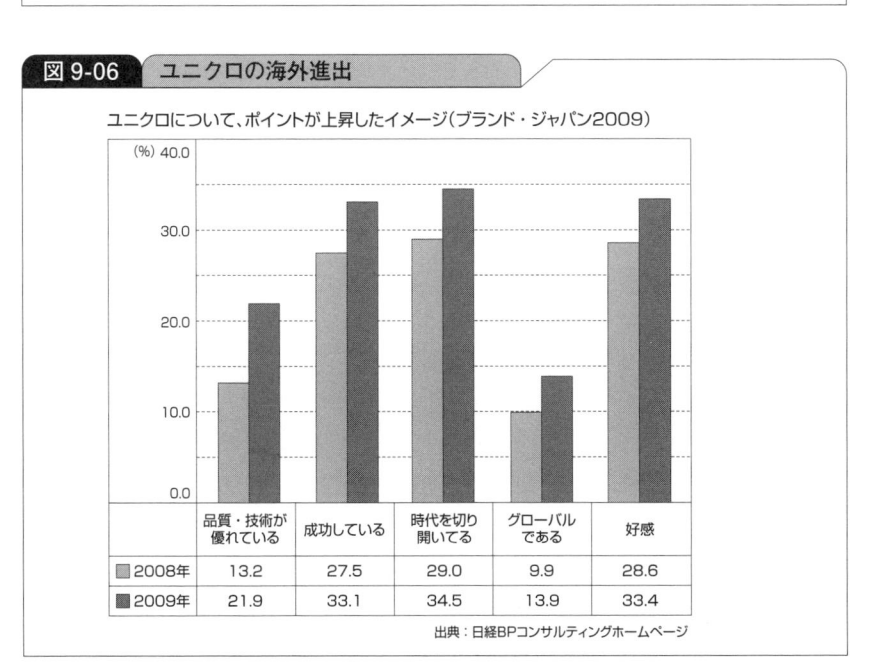

図 9-06　ユニクロの海外進出

ユニクロについて、ポイントが上昇したイメージ（ブランド・ジャパン2009）

	品質・技術が優れている	成功している	時代を切り開いてる	グローバルである	好感
2008年	13.2	27.5	29.0	9.9	28.6
2009年	21.9	33.1	34.5	13.9	33.4

出典：日経BPコンサルティングホームページ

PART 9　グローバルブランド戦略

section 1　商標法とブランド
section 2　商標登録制度の概要
section 3　景表法とブランド（不当な表示の禁止）

PART 10

ブランドと法律

**商標法とは？
商標登録のステップは？
景表法とは？
不当表示とは？
優良誤認と有利誤認の違い**

section 1　ブランドと法律

商標法とブランド

(1) 商標とは

　商標とは、"キリン"、"アサヒ"、"サッポロ"、"サントリー"などのように、事業者が自己の取り扱う商品または役務を他人の商品または役務と識別し、商品または役務の同一性を表示するために、その商品または役務について使用する標識（マーク）をいいます。

　商標法によれば、「文字、図形、記号もしくは立体形状もしくはこれらの結合またはこれらと色彩の結合であって、①業として商品を生産し、証明し、または譲渡する者が、その商品について使用するもの、②業として役務を提供し、または証明する者が、その役務について使用するもの」と定義されています。

　商標は「商品の顔」とか「物言わぬセールスマン」と称されることもあります。商品には、商品に使用される標識と役務（サービス）に使用される標識があり、前者を、英語で「trade mark（トレード・マーク）」といい、後者を「service mark（サービス・マーク）」といいます。

(2) 商品とは

　商標法には、「商品」の定義はありません。一般的には「商取引の目的たりうべき物であって、流通性を有するもの」といわれます。したがって、ダウンロードできるコンピュータ用プログラムや電子出版物のような無体物でも商標法上の商品になります。しかし、有価証券や不動産は商品とはいいません。「役務」についても、商標法上の定義・規定はありません。一般的には、「他人のために行う労務または便益であって独

立して商取引の目的たりうべきもの」とされています。

(3) 商標の起源

　商標の起源を、西欧の歴史からひもといてみると、古代エジプト、ギリシャ、ローマ時代に陶器製作者名を刻印した「陶工標」、中世ヨーロッパで集荷の所有権を立証するために使用した「所有標」、ギルド（手工業組合）において生産者の責任を明らかにした「責任標」などに遡ることができます。それぞれ目的を異にしていますが、出所の表示という点では今日の商標の起こりといえます。日本では、室町時代に使用され始めたといわれる「暖簾」や江戸時代に遡ることができる「屋号」は、営業上の信用の保護という点で商標保護制度の基礎になっています。

(4) 商標の機能

　商標は、事業者が消費者に対して、自社の商品や役務をその競争業者から識別し、商品と役務の品質と性能・便益を保証しています。同時に、商標の出所表示を明確にすることにより、非価格競争における商品や役務の差別化の有効な手段となっています。

　商標の機能をまとめると、以下の5つになります。

①商品識別機能

　他の企業が生産・提供する商品・役務（サービス）との差異を容易に認知させる機能

②出所表示機能

　同一商標を付した商品・役務は、一定の特定事業者の製造・販売・役務であることを判別させ、消費者の購買行動を簡素化する機能、および企業イメージの向上に貢献する機能

③品質保証機能

　同一商品・役務であれば同一品質・便益であることを保証し、顧客満

足度の維持に貢献する機能

④販売促進機能

商品の使用や役務を利用した人に、広告によって商標を印象づけることにより商標を記憶させ指名買いによる需要を喚起し、マーケティングコストを削減する機能です。広告宣伝から店内プロモーションに至るまで、ブランドの果たす役割は大きいのです。

⑤資産機能

商標登録することにより商標権が発生します。

長期的には、商標は企業の重要な無形資産（ブランドエクイティ）を形成します。ブランドの資産機能・価値を向上させる戦略をブランド・マネジメントといい、今後いっそう重視されます。

図10-01　商標の種類

文字商標
アリナミン®
©武田薬品工業株式会社

記号商標

図形商標
©ヤマトホールディングス株式会社

立体商標
©FUJIYA CO.,LTD,

文字と図形の結合商標
JAL

(5) 商標の種類

商標は、構成要素によって、次の6つの種類に分類することができます。

① 文字商標…漢字、ひらがな、カタカナ、アラビア数字、ローマ字など、文字のみから構成される商標

② 図形商標…事物を写実的にまたは図案化して表した図、幾何学的模様などの図形のみから構成される商標

③ 記号商標…○、◇、□、#、♡、△、☆等、記号からのみ構成される商標

④ 立体商標…立体形状からのみ構成される商標
例えば、広告用の人形（店頭に設置される人物や動物を形取った立体物）、商品や包装容器自体を特異な形状にしたもの

⑤ 結合商標…上記の文字商標、図形商標、記号商標、立体商標または結合商標の2つ以上を結合させた構成からなる商標

図 10-02 商標のブランド化

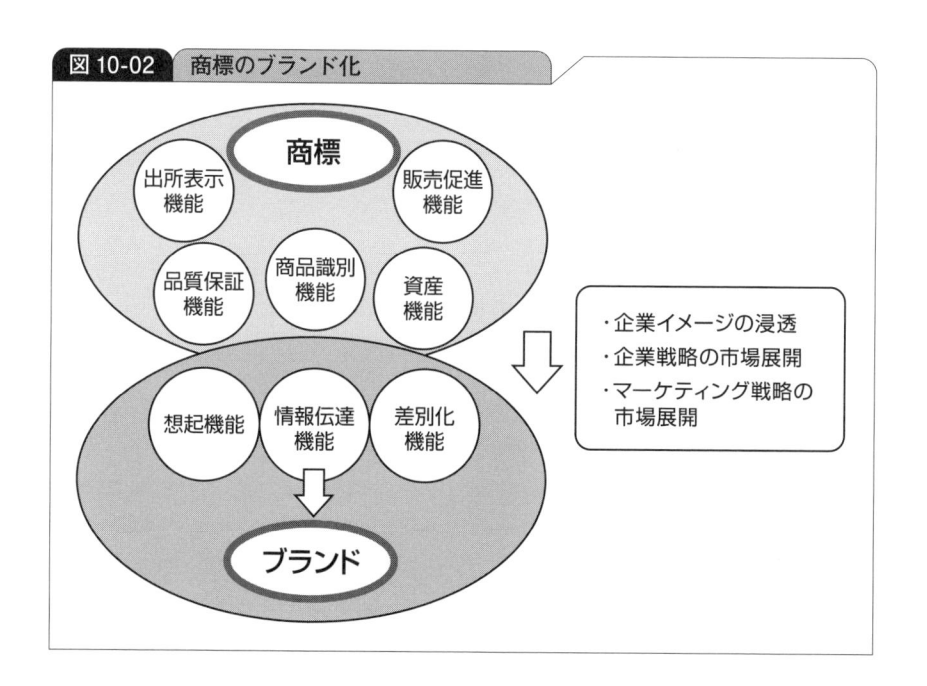

商標
- 出所表示機能
- 販売促進機能
- 品質保証機能
- 商品識別機能
- 資産機能

ブランド
- 想起機能
- 情報伝達機能
- 差別化機能

・企業イメージの浸透
・企業戦略の市場展開
・マーケティング戦略の市場展開

⑥色彩との結合商標…上記の文字商標、図形商標、記号商標、立体商標または結合商標と色彩を結合させた構成からなる商標

(6)「商標」の戦略的展開による「ブランド」としての意義

　近年では、「商標」の市場や顧客への浸透の重要性が認識され、5つの機能に加え、情報伝達機能、差別化機能、想起機能も戦略的に加味され展開されるようになりました。その結果、商標は商品の名称、出所表示、品質保証機能の他、市場における企業イメージや企業戦略展開の意思表示の役割も担うようになり、いわゆる「ブランド」として意識され、多くの機能・目的を持つように位置づけられ、マーケティング戦略の重要なポジションを占めるようになっています。

(7)「商標」の「ブランド」としての機能

　「ブランド」は、商品やサービスに、同じニーズを満たすために設計された他の製品やサービスから、何らかの形で差別化する特徴を加えます。差別化要因は、機能的、合理的あるいは実態があるブランド製品のパフォーマンスに関連することになり、象徴的、情緒的あるいは実体のない「ブランド」が体現することもあります。

(8) 消費者視点での「ブランド」の意義

　消費者の視点でみると、ブランドは次のような機能を果たします。
①商品の作り手、サービスの提供者を特定し、消費者が、特定の製造業者や流通業者にその責任を帰すことを可能にします。
②ブランドのつけ方によって、消費者は同じ製品でも異なる評価をする可能性があります。
②消費者は商品のマーケティングにまつわる経験を通じて、どのブランドがニーズを満たし、どの製品が満たさないかを知るようになります。

(9) 企業視点での「ブランド」の意義

「ブランド」は、企業視点でみると、次のような機能を果たします。

①ブランドの名称は商標登録により保護することができ、安心して「ブランド」に投資し、資産のベネフィットを受けることができます。

②一定レベルの品質を表示でき、満足した買い手は再びその製品を選ぶことができ、ブランドロイヤルティが向上します。

③ブランドロイヤルティの向上は、他社による当該市場への参入を難しくする参入障壁を構築します。

④総合的に消費者の心に残る印象、記憶を形成し、競争優位を獲得する手段にもなります。

⑤ブランドの浸透は、企業イメージと信頼度の向上につながり、新商品の開発、市場参入を容易にします。

section 2　ブランドと法律

商標登録制度の概要

(1) 商標登録制度の概要

①商品と役務(サービス)区分

　商標権は、マークと、そのマークを使用する商品・サービスの組合せでひとつの権利となっています。

　商標登録出願を行う際には、「商標登録を受けようとする商標」とともに、その商標を使用する「商品」又は「サービス」を指定し、商標登録願に記載することになります。

　商標法では、サービスのことを「役務(えきむ)」といい、指定した商品を「指定商品」、指定した役務を「指定役務」といいます。この指定商品・指定役務によって、権利の範囲が決まります。

　指定商品・指定役務を記載する際には、合わせて「区分」も記載する必要があります。「区分」とは、商品・役務を一定の基準によってカテゴリー分けしたもので、第1類〜第45類まであります。

②商標登録出願

　商標登録を受けるためには、特許庁に出願することが必要です。

③登録できない商標

a.自己の商品・役務と、他人の商品・役務とを区別することができないもの。例えば、単に商品の産地、販売地、品質のみを表示する商標は登録することができません。商品「野菜」について、その箱に「北海道」という文字が記載されていても、消費者は、「北海道」の文字は「北海道産」の商品であることを表したものと認識してしまい、誰の商品かを区別することができません。したがって、このような表示は、商

標登録することはできません。

b.公益に反する商標

　国旗と同一又は類似の商標や公序良俗に反するおそれがある商標は、登録することができません。商品・役務の誤認を生じるおそれがある商標（商品「ビール」に「○○ウィスキー」という商標）は登録することができません。

c.他人の商標と紛らわしい商標

　他人の登録商標と同一又は類似の商標であって、商標を使用する商品・役務が同一又は類似であるものは登録することができません。他人の商標と紛らわしいかどうかは、商標同士の類似性と、商品・役務同士の類似性の両方をみて判断し、外観（みた目）、称呼（呼び方）、観念（意味合い）を総合的に判断されます。

④商標登録の効果

　審査の結果、登録査定となった場合は、一定期間内に登録料を納付すると、商標登録原簿に設定が登録され、商標権が発生します。

　商標登録されると、権利者は、指定商品又は指定役務について、登録商標を独占的に使用できるようになります。

　第三者が、①指定商品・指定役務と同一の商品・役務に、自己の登録商標と類似する商標を使用すること、②第三者が指定商品・指定役務と類似する商品・役務に自己の登録商標と類似の商標を使用すること、を排除することができます。

　権利を侵害する者に対しては、侵害行為の差し止め、損害賠償等を請求できます。商標権は、日本全国に効力が及ぶ権利であり、外国で事業を行う場合は、その国での権利を取得することが重要です。

⑤商標権の存続期間と更新

　商標権の存続期間は、設定登録の日から10年です。商標は、事業者の営業活動によって蓄積された信用保護を目的としているので、その商

標の使用が続く限り商標権を存続させることができます。更新登録の申請によって、10年の存続期間を何度でも更新できます。

(2) 商標登録のステップ

商標権を取得するまでの手順を、フロー（図10-03参照）で示します。

①出願

商標権を取得するためには、法令で規定された所定の書類を特許庁に提出します。

②出願公開

商標登録出願の内容が、公開商標公報で公開されます。

③方式審査

出願書類が所定の書式通りかどうかの審査を受けます。書類が整わず、必要項目が記載されていない等の場合は、補正命令が発せられます。

④実体審査

特許庁の審査官が、出願された商標が登録されるべき要件を満たしているか否かの審査を行います。

⑤拒絶理由通知

登録の要件を満たさないものは、拒絶理由が通知されます。

⑥意見書提出

拒絶理由通知書に対して、意見書を提出することができます。

⑦登録査定

審査の結果、審査官が拒絶理由を発見しなかった場合は、登録すべき旨の査定がされます。意見書や補正書によって拒絶理由が解消した場合にも登録査定となります。

⑧拒絶査定

意見書や補正書をみても拒絶理由が解消されておらず、やはり登録できないと審査官が判断したときは、拒絶すべき旨の査定を行います。

⑨拒絶査定不服審判請求

　審査官の拒絶査定の判断に不服があるときは、拒絶査定不服の審判請求をすることができます。審理の結果、拒絶理由が解消したと判断される場合には登録審決を行い、拒絶理由が解消せず登録できないと判断される場合には、拒絶審決を行います。

⑩設定登録（登録料納付）

　登録査定された出願については、出願人が登録料を納めれば、商標登録原簿に登録され、商標権が発生します。

　商標権の設定登録後、商標登録証書が出願人に送られます。

⑪商標公報発行

　設定登録され発生した商標権は、その内容が商標公報に掲載されます。

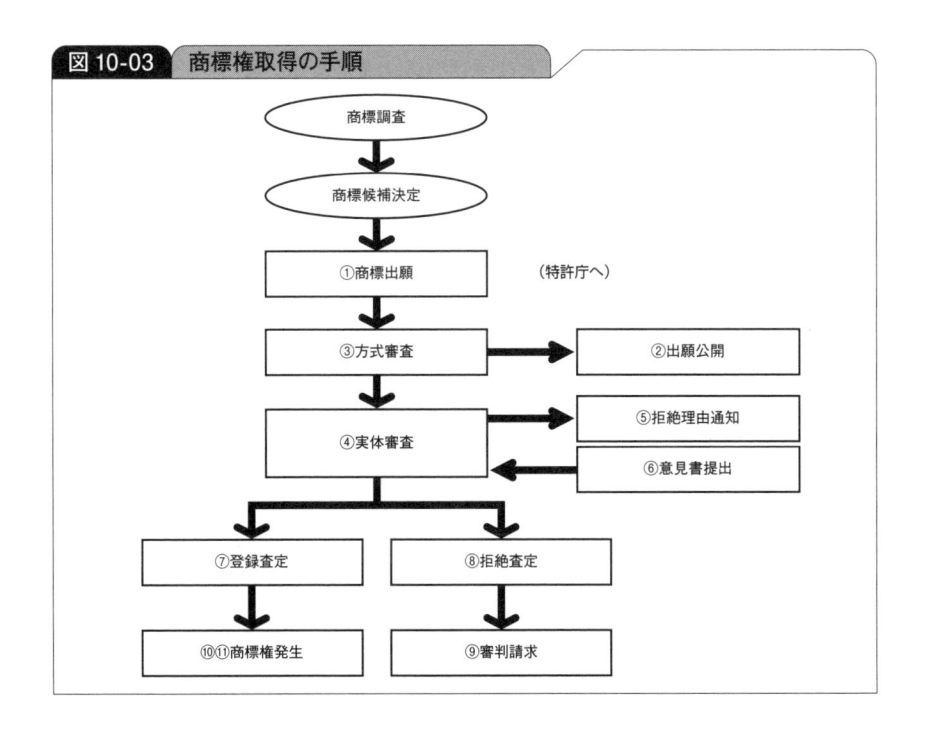

図10-03　商標権取得の手順

```
         商標調査
            ↓
        商標候補決定
            ↓
        ①商標出願        （特許庁へ）
            ↓
        ③方式審査  →  ②出願公開
            ↓
        ④実体審査  →  ⑤拒絶理由通知
                   ←  ⑥意見書提出
           ↓
     ┌─────┴─────┐
  ⑦登録査定      ⑧拒絶査定
     ↓              ↓
⑩⑪商標権発生    ⑨審判請求
```

section 3　ブランドと法律

景表法とブランド
（不当な表示の禁止）

(1) 景品表示法とは

　「景品表示法」は、正式には、「不当景品類及び不当表示防止法（昭和37年制定、最終改正平成20年5月）」といい、公正な競争を確保し、一般消費者の利益を保護することを目的に制定されています。

　景品表示法は、不当な表示や過大な景品類の提供を制限または禁止し、公正な競争を確保することにより、消費者が適正に商品・サービスの選択ができる環境を守るための法律です。

　消費者は、高品質で安価な商品・サービスを求め、企業は消費者の期待に応えるため、他の企業のものより質を向上させ、より安く販売する努力をします。しかし、品質や価格に関して不当な表示や過大な景品類を提供すると、良質廉価なものを選ぼうとする消費者の適正な選択に悪影響を与え、公正な競争が阻害されることになります。そこで、独占禁止法の特例法として「景品表示法」が制定されました。

(2) 公正取引委員会の権限、排除命令と損害賠償

　公正取引委員会は、事業者が景品表示法の規定に違反する不当な表示をした場合、当該事業者に対し、不当表示行為の差止め、当該行為の再発防止のための公示、その他の必要な事項を命じる排除命令を行います。

　排除命令に係わる不当表示により損害を受けたものは、排除命令を受けた者に対し、損害賠償を求めることができます（独占禁止法第25条）。この場合、当該事業者は、故意または過失がなかったことを証明しても損害賠償責任を免れることはできません。

景品表示法違反事件は、公正取引委員会だけでなく、都道府県でも処理されます。

(3) 不当な表示の禁止
不当表示には、「優良誤認表示」と「有利誤認表示」があります。
① 「優良誤認表示」とは
商品・サービスの品質、規格その他の内容についての不当表示を指します。

具体的には、内容について、実際のものより著しく優良であると一般消費者に示す場合をいいます。カシミヤの混用率が80％程度のセーターに「カシミヤ100％」と表示する場合が優良誤認にあたります。

内容について、事実に相違して競合他社よりも著しく優良であることを一般消費者に示す場合も「優良誤認表示」になります。「この技術を用いた商品は、当社だけのもの」と表示している場合、実際には、競合他社も同じ技術を用いた商品を販売している場合が該当します。

公正取引委員会は、商品・サービスの効果・性能に関する表示について「優良誤認表示」に該当するかどうかの判断を下すことがあります。その場合、事業者に、表示に該当する合理的な根拠を示す資料の提出を求めることがあります。事業者が資料を提出しない場合、または提出した資料が表示の裏づけとなる合理的な根拠を示すと認められない場合は、当該表示は不当表示とみなされます。

② 「有利誤認表示」とは
商品・サービスの価格や、その他の取引条件についての不当表示を指します。

具体的には、取引条件について、実際よりも取引の相手方に著しく有利であると、一般消費者に誤認される表示をいいます。

例えば、当選者100人だけが割安料金で契約できる旨の表示なのに、

実際には、応募者全員を当選として、全員に同じ料金で契約させていた場合が該当します。

取引条件について、競合他社よりも取引の相手方に著しく有利であると一般消費者に誤認されるような表示もこの例にあたります。「他社商品の2倍の内容量です」と表示しているが、実際には、他社と同程度の内容量にすぎなかった例が、有利誤認に該当します。

(4) 公正取引委員会が指定する具体的取引項目における表示

公正取引委員会は「優良誤認表示」と「有利誤認表示」が起きやすい不当な表示を禁止するため、一般消費者に誤認されるおそれがあると認められる商品・サービスの取引に関して規定・制限を設けています。
具体的には、次の6つの取引について、取引に関係する表示の規定・制限を設けています。

a.無果汁の清涼飲料水についての表示
b.商品の原産国に関する不当な表示
c.消費者信用の融資費用についての不当表示
d.不動産のおとり広告に関する表示
e.おとり広告に関する表示
f.有料老人ホームに関する表示

図 10-04　景品表示法の概要

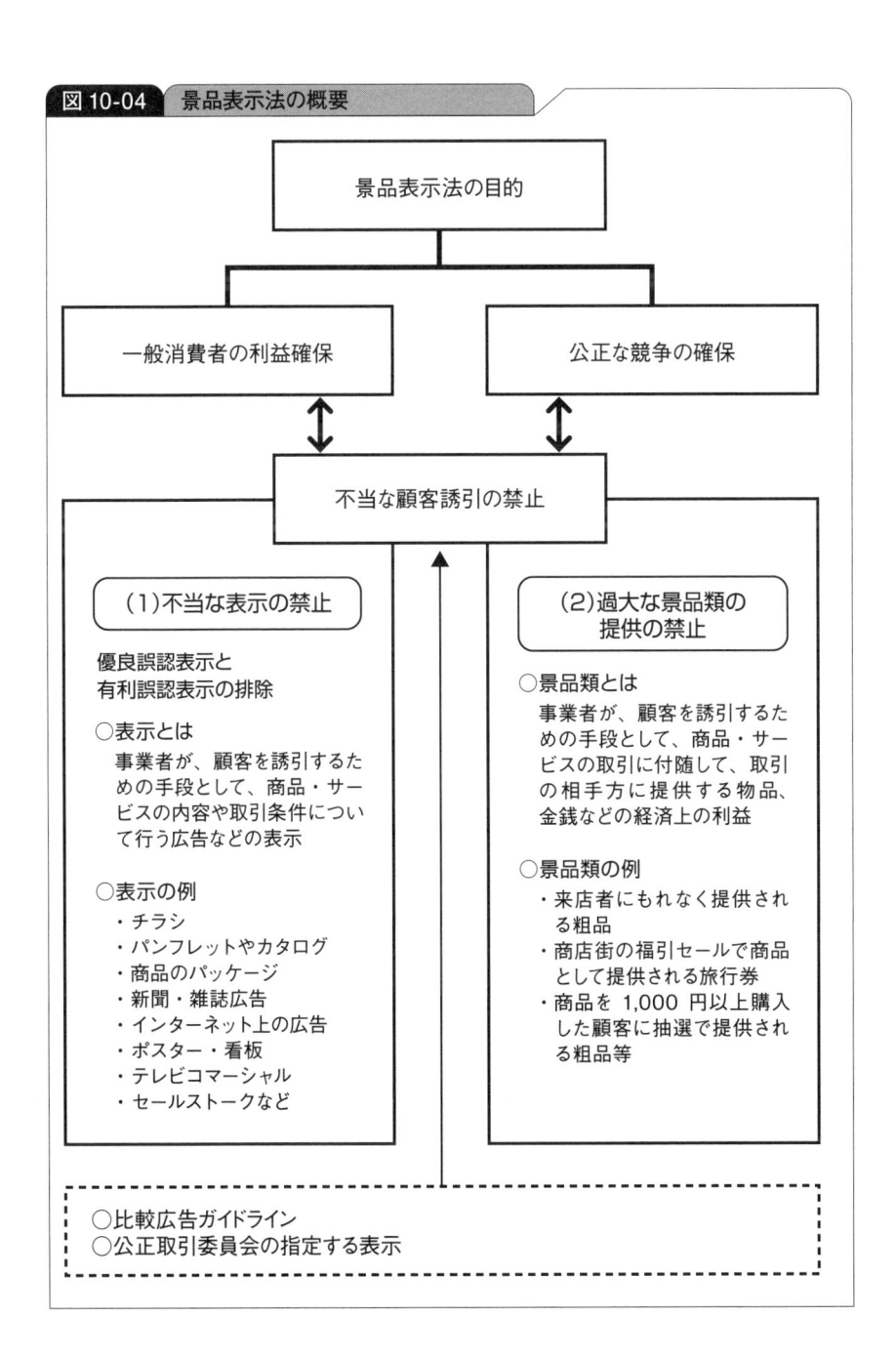

```
                    景品表示法の目的
                   ┌──────┴──────┐
            一般消費者の利益確保      公正な競争の確保
                   ↕              ↕
                    不当な顧客誘引の禁止
```

(1) 不当な表示の禁止

優良誤認表示と
有利誤認表示の排除

○表示とは
　事業者が、顧客を誘引するための手段として、商品・サービスの内容や取引条件について行う広告などの表示

○表示の例
・チラシ
・パンフレットやカタログ
・商品のパッケージ
・新聞・雑誌広告
・インターネット上の広告
・ポスター・看板
・テレビコマーシャル
・セールストークなど

(2) 過大な景品類の提供の禁止

○景品類とは
　事業者が、顧客を誘引するための手段として、商品・サービスの取引に付随して、取引の相手方に提供する物品、金銭などの経済上の利益

○景品類の例
・来店者にもれなく提供される粗品
・商店街の福引セールで商品として提供される旅行券
・商品を1,000円以上購入した顧客に抽選で提供される粗品等

○比較広告ガイドライン
○公正取引委員会の指定する表示

PART 10　ブランドと法律

参考文献

- 『2010クイックマスター マーケティング』木下安司編著 同友館
- 『2010クイックマスター 店舗・販売管理』木下安司著 同友館
- 『図解よくわかるこれからの流通』木下安司著 同文舘出版
- 『手にとるようにマーチャンダイジングがわかる本』木下安司著 かんき出版
- 『中小企業診断士1次試験対策講座テキスト 企業経営理論B』TBC受験研究会編
- 『中小企業診断士1次試験対策講座テキスト 運営管理』TBC受験研究会編
- 『中小企業診断士1次試験対策講座テキスト 経営法務』TBC受験研究会編
- 『競争優位のブランド戦略』恩蔵直人著 日本経済新聞社
- 『マーケティング』恩蔵直人著 日本経済新聞出版社
- 『製品・ブランド戦略』青木幸弘・恩蔵直人著 有斐閣アルマ
- 『新版マーケティング戦略』和田充夫・恩蔵直人・三浦俊彦著 有斐閣アルマ
- 『マーケティング・サイエンス入門』古川一郎・守口守・阿部誠著 有斐閣アルマ
- 『マーケティング用語辞典』和田充夫・日本マーケティング協会編 日本経済新聞出版社
- 『コトラーのマーケティング・コンセプト』フィリップ・コトラー著 東洋経済新報社
- 『コトラー＆ケラーのマーケティング・マネジメント 第12版』フィリップ・コトラー＋ケビン・レーン・ケラー著 ピアソン・エデュケーション
- 『ブランド・エクイティ戦略』D.A.アーカー著 ダイヤモンド社
- 『ケッロッグ経営大学院 ブランド実践講座』アリス・M・タイボー＋ティム・カルキンス編著 ダイヤモンド社
- 『ブランディングは組織力である』DIAMONDハーバード・ビジネス・レビュー編集部編・訳 ダイヤモンド社
- 『マーケティング辞典』宮澤永光・亀井昭宏監修 同文舘出版
- 『マーケティング理論と戦略がよ〜くわかる本』宮崎哲也著 秀和システム
- 『ヒットする！PB商品 企画・開発・販売のしくみ』藤野香織著 同文舘出版
- 『事例でわかるブランド戦略実践講座』水野与志朗著 日本実業出版社
- 『ブランド・リレーションシップ』小川孔輔著 同文舘出版
- 『ブランド戦略の実際』小川孔輔著 日本経済新聞出版社
- 『ブランドマーケティング』（株）博報堂ブランドコンサルティング 日本能率協会マネジメントセンター

- ◉『マーケティング・ベーシックス』(社)日本マーケティング協会編 同文舘出版
- ◉『企業不老長寿の秘訣』神田良・清水聰・岩崎尚人・西野正浩・黒川光博著　白桃書房
- ◉『老舗ブランド「虎屋」の伝統と革新』長沢伸也・染谷高士著 晃洋書房
- ◉『老舗ブランド企業の経験価値創造』長沢伸也著 同友館
- ◉『虎屋ブランド物語』川島蓉子著 東洋経済新報社
- ◉『虎屋和菓子と歩んだ五百年』黒川光博著 新潮社
- ◉『企業を高めるブランド戦略』田中洋著 講談社現代新書
- ◉『つまりこういうことだ!ブランドの授業』阪本啓一著 日本経済新聞出版社
- ◉『コトラーを読む』酒井光雄著 日本経済新聞出版社
- ◉『ウォルマートの真実』西山和宏著 ダイヤモンド社
- ◉『商標実務の基礎知識』特許庁商標審査実務研究会編著 経済産業調査会
- ◉JAPANブランド 共同事務局 ホームページ
- ◉JAPANブランド 日本商工会議所 ホームページ
- ◉特許庁 ホームページ
- ◉農林水産省 ホームページ
- ◉財団法人食品産業センター ホームページ
- ◉公正取引委員会 ホームページ
- ◉ソニー ホームページ
- ◉パナソニック ホームページ
- ◉ユニクロ ホームページ
- ◉日清食品 ホームページ
- ◉インターブランド ホームページ
- ◉goo ホームページ　など

資料提供

アサヒビール株式会社、イオン株式会社、住友化学株式会社、株式会社セブン＆アイ・ホールディングス、武田薬品工業株式会社、株式会社日本航空、株式会社不二家、ヤマトホールディングス株式会社、株式会社ロッテ

監修者
山口 正浩（やまぐち まさひろ）
(株) 経営教育総合研究所代表取締役社長、中小企業診断士の法定研修（理論政策更新研修）経済産業大臣登録講師。産業能率大学兼任講師、経済産業大臣登録中小企業診断士、経営学修士（MBA）。日本経営教育学会、日本経営診断学会、日本財務管理学会など多数の学術学会に所属し、財務や経営戦略、事業再生に関する研究をする一方、各種企業・地方公共団体にて、経営幹部、営業担当者の能力開発に従事している。
著書として、『経済学・経済政策クイックマスター』、『アカウンティングクイックマスター』（以上同友館）、『3級・販売士最短合格テキスト』『減価償却の基本がわかる本』（以上、かんき出版）、『販売士検定3級 重要過去問題 傾向の分析と合格対策』（秀和システム）など、100冊以上の著書・監修書がある。

編著者
木下 安司（きのした やすし）
(株) TBC 代表取締役社長、(株) 経営教育総合研究所主任研究員、経済産業大臣登録中小企業診断士、「宅配ビジネス研究会」会長。
(株)セブン-イレブン・ジャパン システム部を経て、経営コンサルタントとして独立。昭和57年、(株) 東京ビジネスコンサルティング（現 (株) TBC）を創業。業界屈指の合格率を誇る「TBC 受験研究会」を29年間主宰し、中小企業診断士の育成、指導を通じて人的ネットワークを構築。企業の経営革新・事業再生支援に注力している。
著書に、『図解 よくわかるこれからの流通』（同文舘出版）、『コンビニエンスストアの知識』『小売店長の常識』（日本経済新聞出版社）、『セブン-イレブンに学ぶ超変革力』（講談社）、『手にとるようにマーチャンダイジングがわかる本』（かんき出版）、『2010 経営戦略・経営組織 クイックマスター』『2010 マーケティング クイックマスター』『2010 店舗販売管理 クイックマスター』（同友館）など多数。PART1～7.9担当。

執筆者
大森 郁夫（おおもり いくお）
(株) 経営教育総合研究所研究員 中小企業診断士。石油化学素材メーカー、プラスチック製品加工企業を経て、現在は経営コンサルタントとして中小企業の支援活動に従事。経営革新、マーケティング・販路開拓支援に精通している。PART8・10担当。

マーケティング・ベーシック・セレクション・シリーズ

ブランド・マーケティング

平成22年2月17日　初版発行

監修者―――山口正浩
編著者―――木下安司
発行者―――中島治久

発行所―――同文舘出版株式会社
　　　　　　東京都千代田区神田神保町1-41　〒101-0051
　　　　　　電話 営業03（3294）1801　編集03（3294）1803
　　　　　　振替 00100-8-42935
　　　　　　http://www.dobunkan.co.jp

Ⓒ M.Yamaguchi　　　　　ISBN978-4-495-58791-8
印刷／製本：シナノ　　　　Printed in Japan 2010

プロダクト・マーケティング

㈱経営教育総合研究所
山口正浩 監修
竹永　亮 編著

マーケティング・ベーシック・セレクション・シリーズ
Marketing Basic Selection Series

多様化しているマーケティングを12のテーマに分類し、最新事例や図表を使用してわかりやすくまとめたシリーズ。企業のマーケティング研修のテキストとして最適！

- インターネット・マーケティング（既刊）
- 流通マーケティング（既刊）
- ダイレクト・マーケティング（既刊）
- プライス・マーケティング（既刊）
- プロモーション・マーケティング（既刊）
- コミュニケーション・マーケティング（既刊）
- プロダクト・マーケティング（既刊）
- ブランド・マーケティング（既刊）
- ロイヤリティ・マーケティング
- ターゲット・マーケティング
- 戦略的マーケティング
- マーケティング・リサーチ

マーケティング・ベーシック・セレクション・シリーズ専用HP
http://www.keieikyouiku.co.jp/MK/

順次刊行

同文舘出版